KB232698

벤 카슨

벤 카슨

루이스 부부 지음
홍 원 팔 옮김

비전북출판사

 예배와 삶의 일치

복음에는 하나님의 의가 나타나서

믿음으로 믿음에 이르게 하나니; 기록된바,

"오직 의인은 믿음으로 말미암아 살리라" 함과 같으니라.

로마서 1 : 17

벤 카슨

1판 1쇄 발행 : 2002년 5월 5일
1판 7쇄 발행 : 2007년 3월 31일

저 자 : 루이스 부부
역 자 : 홍 원팔
발행인 : 이 원우 / 발행처 : **비전북출판사**
주 소 : (413-832) 경기도 파주시 교하읍 문발리 535-13호
전 화 : (031)955-4421 / 팩 스 : (031)955-4432
E-mail : vsbook@hanmail.net
등록번호 : 제10-1452호

공급처 : **미스바출판유통**
전 화 : (031)955-4433 / 팩 스 : (080)300-9191

Copyright ⓒ 2002 **비전북출판사** Printed in Korea
값 4,000원

ISBN 978-89-87613-91-7 03230

TODAY'S HEROES
Ben Carson

by

Gregg & Deborah Shaw Lewis

[차례] CONTENTS

BEN CARSON'S RULES

본서를 읽으면서 크게 생각하기를 생활 속에 실천하기 바랍니다. 크게 생각하라(THINK BIG)의 각 철자가 의미하는 단어들을 상기시켜 크게 생각하는 사람이 되길 바랍니다. 우리는 크게 생각함으로써 진정한 성공을 할 수 있으며, 세상을 변화시킬 수 있습니다.

T = Talent(재능)

만약 우리가 자신의 달란트를 깨닫고, 그러한 달란트를 적절하게 사용할 수 있는 분야를 선택한다면, 우리는 자신의 분야에서 정상에 오르게 되고 진정으로 성공하게 됩니다.

H = Honesty(정직)

정직의 법칙에 따르고, 우리의 생활 속에서 정직을 습관화하며 살아간다면, 우리는 성공의 길에 훨씬 가까이 다가가게 됩니다.

I = Insight(통찰력)

우리가 최선을 다하기 위해서 자신을 관찰하고, 생각하며, 행동한다면, 우리는 정상에 이르게 됩니다.

N = Nice(친절함)

우리가 다른 사람들에게 친절하게 대하면, 다른 사람들도 우리에게 같은 태도로 반응하므로 우리는 다른 사람들에게 최선을 다해야 합니다.

벤 카슨의 법칙

K = Knowledge(지식)

우리가 최선을 다해 지식을 쌓아 인류를 위해 좋게 사용한다면, 그 지식은 우리들과 우리의 세계 속에서 그 빛을 발하게 됩니다.

B = Books(책)

만약 우리가 계속해서 책을 읽어 나간다면, 이 세상에서 우리가 이해할 수 있도록 하나님께서 허락하신 지혜의 한계까지 우리의 지식을 계속적으로 늘여갈 수 있습니다.

I = In-Depth Learning(심화 학습)

우리가 심오한 지식을 쌓는다면, 우리는 다른 사람들에게 최선을 다할 수 있고, 더 나은 세상을 만들 수 있습니다.

G = God(하나님)

우리가 하나님께 우리의 필요를 아뢰면, 그분은 기꺼이 우리를 도와주실 것입니다.

- 「크게 생각하라」 중에서

5학년에서 가장 멍청한 아이

"야, 멍청아!"

벤 카슨은 쳐다보았습니다. "멍청이"는 반 아이들이 벤에게 붙여준 별명이었습니다.

또다른 아이가 벤의 본능적인 반응을 보고 비웃었습니다.

"벤 카슨은 너무나도 멍청해!"

벤은 어깨를 으쓱하며 아무렇지도 않다는 듯이 행동하려고 애썼습니다. 그는 멍청이라고 불리는 것이 싫었습니다. 누가 그런 소리를 좋아하겠습니까? 그러나 벤은 아이들이 그렇게 부르는 것이 사실이라는 것을 알고 있었고, 매일 그런 소리를 듣고 있었습니다.

"벤 카슨은 5학년에서 가장 멍청한 아이야!"

"헤이, 벤 카슨! 이 세상에서 가장 멍청한 아이야!"

또다른 아이가 소리쳤습니다.

'조금만 기다려라.' 벤은 생각했습니다. '나도 내가 멍청이라는 것을 안다. 내가 받은 시험 점수들이 그것을 증명해 주고 있다. 그러나 세상 어디엔가는 나보다 더 멍청한 아이가 있을 것이다!'

분명하게 선을 그을 시간이 되었습니다.

"나는 이 세상에서 가장 멍청한 아이가 아니야!"

"너는 멍청한 아이야!"

"아니야, 그렇지 않아!"

벤은 우겼습니다.

"벤 카슨! 이 세상에서 너보다 더 멍청한 아이는 없어!"

두 어린이는 선생님이 어린이들을 교실로 부를 때까지 말다툼을 했습니다.

그날 오후 늦게 수학 시험이 있었고, 시험 시간이 끝난 후에 선생님은 어린이들에게 시험지를 뒷사람에게 넘겨 선생님이 답을 부르면 채점을 하게 했습니다. 벤은 그 후에 무슨 일이 닥칠지를 알고 있었습니다. 그것은 어린이들과 선생님에게 자기의 점수를 큰소리로 말해야 하는 것이었습니다.

 벤카슨

벤은 혐오감을 느끼며 자기 시험지 위에 크게 쓰여진 0점을 뚫어져라 보았습니다. 벤은 생각했습니다. '아이들이 내 점수를 알면 다들 기절할 거야!' 그는 계략을 꾸미기 시작했습니다. '만약에 내가 대충 얼버무린다면 선생님께서 내 말을 알아듣지 못하실 거야!' 그리고 선생님이 그의 이름을 불렀을 때 "느음"(Nnme)이라고 중얼거렸습니다. 그러자 효과가 있었습니다.

"나인(Nine; 9개)이라고! 벤? 어찌된 일이니! 여러분, 벤이 한 말을 들었지요? 선생님이 최선을 다한다면 할 수 있다고 여러분에게 말했지요? 벤, 나는 네가 너무나도 자랑스럽구나!"

9개 맞았다면 21개가 틀렸다는 뜻입니다. 그러나 9개는 그의 평상시 점수보다 높은 것이었습니다. 그것이 바로 선생님이 기뻐한 이유였습니다. 적어도 그의 시험지를 채점한 여자 아이가 그의 점수를 공개하기로 마음먹기 전까지는 그랬습니다.

그 여자 아이가 소리를 질렀습니다.

"선생님! 벤은 넌(None)이라고 말했어요. 하나도 맞은 것이 없다는 말이에요!"

잠시 침묵이 흐른 후에 교실은 온통 웃음바다가 되었습니다. 그리고 선생님은 머리를 흔들며 의자에 털썩 주저앉으셨습니

다. 벤은 쥐구멍이라도 찾고 싶었지만 그는 미소를 지으며 아무렇지도 않다는 듯이 행동했습니다.

몇 주 후, 벤은 그의 중간고사 시험 성적표를 들여다보았습니다. 대부분의 과목이 낙제를 했어도 그는 놀라지 않았습니다. 그의 형 커티스(Curtis)도 성적표를 받았는데 역시 별로 좋지 않았습니다.

벤이 집으로 돌아왔을 때, 잠자리에 들 때까지 그의 어머니가 보지 않기를 바라면서 성적표를 책들과 함께 책상 위에 얹어 놓았습니다.

그러나 그런 행운은 찾아오지 않았습니다. 어머니가 그의 성적표를 집어 들고 찬찬히 살펴보셨습니다. 마침내 어머니가 "벤, 이것이 너의 성적표니?" 라고 물으셨습니다.

"예, 엄마. 그거 별거 아니에요!" 라고 벤이 대답했습니다.

"아니다. 벤! 그것은 중요해! 만약에 네가 이런 점수를 계속 받아 온다면 일생 동안 공장에서 마룻바닥 청소나 해야 돼. 그것은 하나님께서 원하시는 일이 아니란다!"

그의 어머니는 벤과 커티스를 가까이 부르셔서 그들의 얼굴을 똑바로 쳐다보셨습니다.

 벤카슨

"애들아, 내가 어떻게 해야 좋을지 모르겠구나. 그러나 성경에 하나님께서는 구하는 자에게 지혜를 주신다고 약속하셨어. 오늘밤 나는 너희들을 위해 지혜를 구하는 기도를 드려야겠구나. 내가 너희를 돕기 위해서 무슨 일을 해야 할지 하나님께 물어보아야 하겠다!"

벤과 커티스는 어머니가 무슨 말을 하는지 알 수가 없었습니다. 어머니가 너무 깊이 하나님께 빠지셨나? 정말로 하나님께서 그들이 보다 나은 점수를 얻도록 도와줄 수 있는 방법을 어머니에게 가르쳐 주실 거라고 생각하시는가?

이틀 후에 그들은 하나님께서 어머니에게 어떻게 응답해 주셨는지를 알게 되었으나 그들은 그것을 좋아하지 않았습니다. 어머니는 아들들에게 말했습니다.

"하나님께서 TV를 끄라고 말씀하셨다. 너희들은 매주 2개의 TV 쇼만 골라서 보아야 한다. 나머지 시간은 독서를 하면서 보낼 것이다!"

그들은 반대하려고 했습니다. 그러나 또 어머니는 "너희들은 매주 2권의 책을 읽고 독후감을 써서 나에게 그 독후감을 큰소리로 읽어 주어야 한다."고 말했습니다.

벤과 커티스에게 있어서 하나님의 응답은 그리 현명해 보이지 않았습니다. 그러나 그들은 어머니가 요구하신 말씀을 그대로 실천했습니다. 그들은 TV를 끄고, 가까이에 있는 디트로이트 공립 도서관에 가서 책을 골랐습니다.

그들은 어머니가 어떤 책을 읽으라고 결정해 주지 않아서 감사했습니다. 그들은 자유롭게 관심이 있는 책들을 선택할 수 있었습니다. 벤은 동물을 사랑했습니다. 그래서 그는 동물에 관한 책들을 읽었습니다. 그리고 나서는 식물과 광물에 관한 책들을 읽었습니다.

카슨 가족은 디트로이트 철로 근처에서 살고 있었습니다. 벤은 돌들을 수집하여 작은 상자에 넣어 집으로 가져와, 도서관에서 빌려온 책에 나오는 그림들과 대조해 보았습니다. 그리고 머지 않아 그는 거의 모든 돌의 이름을 알 수 있었습니다. 그는 그것을 매우 자랑스럽게 생각했습니다. 그러나 반 아이들에게 그의 새로운 취미에 대해 말해 준다는 것은 그리 지혜로운 일이 아니라고 생각했습니다.

어느 날, 잭(Jaeck) 과학 선생님이 광택이 나는 검은 돌을 들고 5학년 교실로 들어오셨습니다. 선생님은 그 돌을 들고 "이것이 무엇인지 아는 사람 있어요?" 라고 물으셨습니다.

벤은 똑똑한 아이들 중의 한 명이 대답하기를 기다렸습니다. 그러나 아무도 손을 들지 않았습니다. 그래서 그는 멍청한 아이들 중의 한 명이 대답하기를 기다렸습니다. 그러나

 벤 카슨

아무도 손을 들지 않았습니다. 마침내 벤이 손을 들었습니다. 그때 반 아이들은 속삭이며 낄낄거리기 시작했습니다.

"저것 좀 봐. 벤 카슨이 손을 들었어. 잘해 봐! 벤!"

선생님도 역시 놀라셨습니다.

"벤이?"

"그것은 흑요석입니다." 라고 벤은 대답했습니다. 갑자기 교실 안이 조용해졌습니다. 그것이 정답인지 아니면 농담인지 아무도 몰랐습니다.

"그래 맞아. 이것은 흑요석이야!" 라고 선생님이 대답하셨습니다. 벤은 계속해서 말했습니다.

"흑요석은 화산이 폭발한 후에 생깁니다. 용암이 흘러나오다가 물을 만나면 급속히 냉각됩니다. 그러면 구성 요소들이 혼합되어 공기 중으로 나가게 됩니다. 그러면 표면에 광택이 나고 ….."

과학 선생님은 흥분한 음성으로 말씀하셨습니다.

"그래 맞다. 벤. 여러분, 벤은 방금 우리에게 귀중한 정보를 말해 주었어요. 나는 벤이 자랑스러워요!"

수업이 끝나기 전에 잭 선생님은 벤에게 방과 후에 자기의 암석 수집실에 들러서 함께 일하자고 말했습니다.

모든 아이가 놀라서 벤을 쳐다보았습니다. 그러나 그 교실

에서 가장 놀란 사람은 벤 자신이었습니다. 그는 처음으로
자신이 멍청이가 아니라는 사실을 알았습니다!

벤은 또한 자기가 책을 읽었기 때문에 그 대답을 알 수 있
었다는 사실을 깨달았습니다. 그런 생각이 들자 '만약에 내가
모든 과목에 대해 책을 읽는다면 어떻게 될까? 그러면 누구보
다도 더 많은 것을 알게 될 거야. 나를 놀려 대는 아이들보다
더 많은 것을 알게 될 거야!'라고 생각하게 되었습니다.

벤은 큰 발견을 했습니다. 그러나 그는 아직도 독서가 그
의 인생을 어떻게 변화시켜줄지는 상상할 수 없었습니다. 벤
은 그의 미래를 열어줄 열쇠, 언젠가는 그의 큰 꿈과 비전을
실현시켜줄 열쇠를 발견했습니다.

의료 선교사

몇 년 전까지만 해도 벤은 자신의 꿈이 결코 실현 될 수 없을 거라고 생각했습니다.

벤이 8살, 그의 형 커티스가 10살이었을 때, 그들은 미시간주 디트로이트에서 그들의 부모님과 함께 살았습니다. 그러나 벤은 뭔가 잘못되어간다는 사실을 느꼈습니다. 그는 부모님이 서로 소리를 지르며 싸우는 소리도 좀처럼 듣지 못했습니다. 그 대신에 그들은 온 집안이 깊은 침묵에 빠질 때까지 서로 말을 하지 않았습니다.

그러한 침묵은 점점 길어지고 더욱 잦아졌습니다. 그러나 그의 아버지가 더 이상 그들과 함께 살지 않을 거라고 어머니가 선언하셨을 때, 벤은 너무나도 놀랐습니다.

벤은 자기가 아버지를 화나게 만드는 어떤 일을 했을지도 모른다고 생각했습니다. 그러나 어머니는 아버지가 벤을 매우 사랑하며 전혀 벤에 대해서 화가 나지 않았다고 말씀하셨습니다. 그래도 역시 벤의 마음은 아팠습니다.

"나는 아버지가 집을 떠나는 것을 원하지 않아요. 제발 집으로 돌아오시게 해 줘요!"

벤은 울부짖었습니다. 그러나 벤의 어머니는 머리를 흔들며 미안하다고만 말했습니다.

"벤, 너의 아버지는 돌아올 수 없어. 아버지는 뭔가 나쁜 일을 저질렀어!"

어머니는 벤과 커티스에게 그 정도로만 말해 주었습니다. 하지만 벤은 어머니를 조르고 또 졸랐습니다.

"만약에 아버지가 어떤 잘못을 저질렀다면 용서해 주고 집으로 데려오면 되잖아요!"

벤의 마음은 너무나도 아팠습니다. 벤은 아버지를 사랑했습니다. 매일 밤 벤은 아버지가 다시 집으로 돌아와 가족들과 함께 살도록 해 달라고 기도했습니다. 그러나 아버지는 결코 돌아오지 않았습니다.

그 당시에 벤이 이해할 수 없었던 것, 그가 훨씬 나이가 들

 벤카슨

때까지 알지 못했던 것은 아버지가 이중 결혼 생활을 하고 있었다는 사실이었습니다. 벤의 아버지가 일 때문에 멀리 여행한다고 말한 것은 거짓말이었으며, 벤의 아버지에게는 또 다른 아내와 가정이 있었고, 다른 도시에서 결혼 생활을 하고 있었습니다.

벤은 그러한 사실을 알고 난 후에도 아버지를 여전히 사랑했으며, 어머니를 더욱 사랑하고 존경했습니다. 어머니가 벤과 커티스를 돌보기 위해 얼마나 열심히 일을 하시는지 알고 있었습니다. 그리고 어머니가 아버지의 행동을 받아들이기가 얼마나 힘들었는지도 알게 되었습니다.

벤의 어머니 소냐 카슨(Sonya Carson)은 테네시주에서 너무나 가난하면서도 아이들이 많은 집에서 태어났습니다. 그녀는 24명의 자녀들 중 23번째였습니다. 그녀는 외롭고도 힘든 어린 시절에 이집 저집으로 입양되었기 때문에 형제자매들 중에서 단지 13명만 알고 있었습니다.

그리고 그녀가 벤의 아버지를 만나서 결혼한 것은 겨우 13살 때였습니다. 그는 그녀를 슬픈 생활에서 구해 주며, 디트로이트로 데려가서 많은 돈과 모험으로 가득 찬 생활을 보장해 주겠다고 약속했습니다. 벤의 아버지는 매력적이며, 돈을 잘 버는 사람이었습니다. 그는 파티를 좋아하고 자기의 젊은 아내를 자랑스러워했습니다. 그는 자주 벤의 어머니에게 옷과 보석 등과 같은 비싼 선물을 사 주었습니다. 그러나 시간이 지나감에 따라 벤의 어머니는 재정 문제에 대해 염려하게 되었습니다. 벤의 아버지는 돈을 벌자마자 써 버리는 낭비가 심한 사람이었습니다.

아이들이 태어난 후, 벤의 어머니는 남편이 어디에서 돈을 벌어 오는지 궁금했습니다. 혹시 남편이 술이나 마약 판매에 관련되어 있을까봐 걱정했습니다.

그러나 결국 그에게 또다른 아내와 가정이 있음을 알아냈고 그에게 떠나라고 말했습니다.

벤의 아버지는 집을 떠날 때, 집에 있던 모든 돈을 가지고 나갔습니다. 벤의 어머니는 기술이나 경험도 없었으므로 남의 집에서 청소를 하거나 아이들을 돌보아 주면서 자식들을 부양했습니다. 그것은 참으로 힘든 일이었습니다. 그러나 그녀는 자식들을 위해서라면 무슨 일이든지 할 것이라고 다짐했습니다.

벤은 그의 가족들이 함께 사는 행복한 가정의 꿈을 포기하기가 어려웠습니다. 그러나 아버지가 떠나던 해에 새로운 꿈이 벤의 인생 속으로 들어 왔습니다. 그 꿈은 그의 가족 상황을 견디기에 좀더 쉽게 만들어 주었습니다.

벤의 꿈은 어느 주일날 아침에 교회에서 시작되었습니다. 벤은 의자 끝에 앉아서 목사님이 어떤 의료 선교사에 대한 실화를 이야기 해 주는 것을 주의 깊게 듣고 있었습니다.

목사님은 그들에게 다음과 같은 말을 해 주셨습니다.

"강도들이 그 의사와 그의 아내를 쫓아왔어요. 그들은 강도를 피하려고 될 수 있는 한 빨리 나무와 바위 사이를 달려 갔지요. 그러다가 절벽 끝에 다다랐답니다. 아무데도 갈 데가 없었죠. 그 순간 절벽 끝에 두 사람이 기어 들어갈 만한 작은 바위틈을 발견했어요. 강도들이 절벽에 도착했을 때, 그들은 아무곳에도 보이지 않았어요. 의사와 그 아내가 어디론가 사라져 버리자 강도들은 욕을 하면서 이리저리 찾아다니다가 떠나갔어요. 그래서 그 의료 선교사들은 안전했답니다."

이야기가 끝나자 벤은 안도의 한숨을 내쉬었습니다. 선교사들은 스릴 넘치는 생활을 하고 있구나 생각했습니다.

목사님은 계속해서 말씀했습니다.

"하나님께서 선교사들을 바위틈에 숨겨 주셨어요. 만약에 여러분이 하나님께 마음을 드린다면 하나님께서는 여러분에게도 같은 일을 해 주실 겁니다. 여러분을 위험으로부터 꼭 보호해 주실 거예요!"

벤은 '그것이 바로 내가 필요로 하는 것이다.' 라고 생각했

습니다. 그리고 목사님이 예수님을 영접하기 원하는 사람들
은 앞으로 나오라고 말씀하셨을 때, 벤은 일어서서 목사님이
서 계신 곳으로 걸어갔습니다. 벤은 그 말씀을 들은 후에 두
가지 사실을 알게 되었습니다 : 첫째는 예수님께서 자신을 지
켜주시기 원하신다는 것이며, 둘째는 자신이 일생 동안 무엇을
하기 원하는지를 알게 되었습니다.

벤은 그날 교회에서 집으로 돌아가는 길에 어머니에게 말
했습니다.

"엄마! 오늘 저는 제가 어른이 되어서 무엇을 해야할 지를
알았어요. 저는 의료 선교사가 되기로 마음먹었어요!"

그의 어머니는 걸음을 멈추고 그를 똑바로 쳐다보았습니
다. 그리고 "벤, 만약에 네가 예수님께 무엇을 구한다면, 그
리고 예수님께서 그것을 주실 것이라고 믿는다면, 그 일은
꼭 이루어질 거야!" 라고 말했습니다.

어머니의 반응은 벤의 꿈을 확실하게 해 주었습니다. 그때
부터 벤은 하나님께서 자기가 의사가 되기를 원하신다고 확
신하게 되었습니다. 벤은 어린 시절에 일어난 어려움과 불행
한 일들에도 불구하고 그 꿈을 고이 간직했습니다.

❋ ❋ ❋

벤의 아버지가 식구들에게 생활비를 주지 않았기 때문에

그의 어머니는 더욱 긴 시간 동안 일을 해야만
했습니다. 그리고 한번에 2-3가지의 직업을
가졌습니다. 그들은 더이상 디트로이트에 있
는 집에서 살 수 없었습니다. 돈을 절약하기
위해 벤의 어머니는 매사추세츠주의 보스턴
으로 이사하기로 결정했습니다. 거기서 그들은 진(Jean) 아
주머니와 함께 살 수 있었습니다.

벤의 어머니는 아들들에게 매월 대출금을 갚기 위해 디트
로이트에 있는 그들의 집을 세놓았다고 말했습니다. 형편이
나아진다면, 디트로이트 디콘가에 있는 그들의 집으로 다시
이사갈 수 있을 것입니다.

벤은 보스턴 빈민가에서 살기 위해 미시간주에 있는 그의
집과 친구들을 떠나게 되어 슬펐습니다.

그러나 곧 진 아주머니, 윌리엄 아저씨와 사는 것도 좋았
다는 것을 알게 되었습니다. 그들의 자녀들은 이미 다 성장
했으므로 그들은 두 소년을 무척 사랑해 주었습니다. 그들이
보스턴으로 이사온 후 처음 맞이하는 크리스마스 때에 아주
머니, 아저씨 그리고 어머니는 그들에게 많은 선물을 사주었
습니다.

벤이 좋아한 선물은 케미스트리(화학 반응) 세트였습니다.

그는 그의 방에서 설명서를 읽고, 화학 약품들을 혼합하고, 그것들이 반응하는 것을 보면서 여러 시간을 보냈습니다. 한번은 실험을 하다가 온 아파트에 썩은 계란 냄새가 진동하도록 만들었습니다. 벤은 그것이 너무나 재미있어서 깔깔거리며 웃었습니다.

보스턴 생활에서 가장 나쁜 부분은 쥐들이 그들이 사는 아파트 뒤편에 있는 잡초 사이로 떼지어 돌아다닌다는 것이었습니다. 정말로 큰 쥐들이었습니다. 고양이만큼 크면서도 보기 흉한 쥐들이었고 숫자도 무척 많았습니다. 그 무서운 쥐들은 항상 건물 밖에 머물러 있었습니다. 그러나 날씨가 추우면 지하실로 몰려들었습니다.

한번은 큰 뱀이 지하실로 들어왔습니다. 어떤 사람이 그 뱀을 죽였습니다. 그러나 나중에 동네 아이들이 말하기를 뱀이 아이들을 잡아먹는다고 말했습니다. 큰 쥐도 보고, 큰 뱀에 대해서도 무서운 이야기를 들은 벤은 지하실에 가기가 겁이 났습니다.

벤의 어머니는 몇 가정을 맡아서 일했습니다. 어린아이들도 돌보아 주고, 집안 청소도 해 주었습니다. 거의 매일 어머니는 아이들이 학교에 가기도 전에 아침 일찍 일하러 나가서 잠잘 시간이 되어도 돌아오지 않았습니다. 그러면서도 어머니

벤 카슨

는 항상 시간을 내어 벤과 커티스가 무엇을 했으며, 학교에서 무엇을 배웠는지를 물어 보았습니다. 아무리 피곤하거나 아무리 많은 시간 동안 일을 했을지라도 그렇게 했습니다.

벤과 그의 형 커티스는 그들의 어머니가 교육을 중요하게 생각하고 그들이 학교에서 뛰어난 성적을 받기를 원한다는 것을 알았습니다. 그래서 그들은 어머니의 말씀에 따랐습니다. 두 소년은 보스턴의 작은 사립학교에서 좋은 성적을 거두고 있었습니다.

벤의 어머니는 아들들이 인생의 목표를 세우는 것이 중요하다는 사실을 배우기를 원했습니다. 그래서 거의 날마다 그녀는 벤과 커티스에게 디트로이트에 있는 그들의 집으로 이사가는 것이 그녀의 목표라고 말해 주었습니다.

소냐 카슨은 또한 그녀의 아들들에게 돈의 가치에 대해서도 가르쳐 주었습니다. 예를 들면, 시내 버스를 타고 학교에 가면 매일 20센트가 들었습니다. 그것은 그 당시 빵 한 덩어리 값이었습니다. 그래서 벤과 커티스는 자전거를 타고 학교에 다녔습니다. 그들이 절약한 돈으로 가족들을 위해 식료품을 샀습니다.

벤의 어머니는 "돈을 절약하는 것은 곧 돈을 버는 것이다!"라고 말했습니다. 그래서 벤과 커티스는 2센트의 벌금을 물지 않으려고 도서관에서 빌린 책은 단 하루도 늦추지 않고 반드시 제 날짜에 갖다 주었습니다. 길을 걸을 때도 저금통으로 사용할 수 있는 병이 있는지 살펴보았습니다. 아무리 적은 돈이라도 유용하게 쓰거나 저금을 할 수 있었습니다.

[illegible] ❁ ✿

2년 후에 카슨 가족은 열심히 모은 돈으로 디트로이트로 이사갈 수 있었습니다. 그러나 디콘가에 있는 집으로 이사갈 여유는 없었습니다. 하지만 벤과 커티스는 옛 친구들과 가까이에 지낼 수 있어서 매우 기뻤습니다.

벤과 커티스가 디트로이트에 있는 학교로 돌아온 지 몇 주 후, 자신들에게 심각한 문제가 있음을 알게 되었습니다. 그것은 보스턴에 있는 학교에 다닐 때에는 좋은 친구들과 함께 공부를 했으나 이곳은 그렇지 못했습니다.

벤은 그의 반 아이들이 공부하는 내용을 거의 이해하지 못했습니다. 그래서 그는 다른 아이들이 자기에 대해서 하는 말, 즉 그가 멍청이라는 말을 또다시 믿기 시작했습니다. 그래서 벤은 커서 의료 선교사가 되려는 자신의 꿈이 멀어질까 봐 너무 두려웠습니다.

3

두뇌, 기차 그리고 인종 차별

히긴스 초등학교에 다니던 어느 날, 시력 검사표의 글자들을 읽을 수 없었을 때, 벤은 자기가 멍청하다고 느껴졌습니다. 벤의 앞에 서 있던 아이는 단어와 숫자들을 쉽게 읽었지만 벤의 차례가 되었을 때, 아무리 애를 써도 맨 윗줄을 제외하고는 어떤 글자도 읽을 수가 없었습니다.

벤은 너무나도 당황해서 시력 검사표를 똑바로 쳐다볼 수도 없었습니다. "아이들이 나보고 멍청이라고 불러도 하나도 이상할 게 없어!" 라고 중얼거렸습니다.

시력 검사를 하던 간호사가 벤에게 시력 검사표를 읽지 못하는 것은 똑똑하거나 멍청한 것과는 아무런 관계가 없다고 말해 주었습니다. 단지 벤에게는 안경이 필요했던 것입니다. 벤에게 안경을 맞추어 준 의사가 "너의 시력은 너무나도 나빠. 거의 장애인 수준이야!" 라고 말했습니다.

벤이 안경을 쓰고 학교에 갔을 때, 그 차이를 믿을 수가 없었습니다. 선생님이 칠판에 쓰신 글자를 모두 읽을 수 있었으며, 교실 맨 뒷자리에서도 읽을 수 있었습니다.

안경은 겨우 시작일 뿐이었습니다. 벤이 안경을 쓴 직후에 카슨 부인은 하나님께 지혜를 구했으며, 벤과 커티스에게 매주 2권의 책을 읽히고 독후감을 쓰게 해야겠다고 결심했습니다.

어떤 사람들은 벤의 어머니가 아들들에게 너무 심하게 한다고 말했고, 아이들이 더 많은 시간 동안 밖에서 뛰어놀 필요가 있으며, TV를 끄고, 책을 읽고, 독후감을 쓰라고 했기 때문에 커티스와 벤이 어머니를 싫어할 것이라고 충고했습니다.

그러나 그들의 생각은 틀렸습니다. 벤은 결코 어머니를 미워하지 않았으며, 더욱 열심히 공부할 수 있게 만들어 주었다고 말했습니다. 벤은 어머니가 자기와 형 커티스를 사랑하며 잘되기를 원한다는 사실을 알고 있었습니다. 그리고 어머니가 누구나 노력만 한다면 자신이 원하는 일은 무엇이든지

 벤카슨

할 수 있다고 말했을 때, 그는 어머니를 믿었습니다.

벤의 어머니는 강인하고 매우 끈질긴 사람이었습니다. 어느 날, 벤은 어머니와 함께 차를 타고 갔습니다. 차가 갑자기 멈추자 다른 차가 뒤에서 박았습니다. 그 사람은 차에서 내려 벤과 어머니가 얼마나 다쳤는지 살펴보지도 않은 채 달아나 버렸습니다. 벤의 어머니는 디트로이트 시내를 온 종일 헤매며 그를 추적했고, 마침내 그는 도망 다니기를 포기하고 카슨 부인에게 보험 처리를 해 주었습니다.

소냐 카슨은 그녀의 아들들에 대해서도 강인하고 끈질겼습니다. 그녀는 벤과 커티스에 대해 큰 기대를 가지고 있었으며, 그들이 그러한 기대를 결코 잊지 못하게 했습니다.

그리고 그녀는 성공하고 부자로 사는 사람들의 집을 날마다 청소해 주며, 그들의 생활과 습관들을 관찰했습니다. 그녀는 아들들에게 "그들은 우리와 다르지 않단다. 그들이 할 수 있는 일은 너희들도 할 수 있어. 아니 너희들이 더 잘할 수 있을 거야!"라고 말했습니다.

그녀의 생각에 아들들의 성공에 있어서 그 열쇠는 교육이었습니다. 다른 부모들이 그녀가 벤과 커티스에게 너무 지나친 요구를 한다고 했을 때, 그녀는 "좋으실 대로 말씀하세요. 그러나 나의 아들들은 자립할 수 있으며, 다른 사람들을 사랑하는 방법과 그들이 무슨 일을 하든지 그 분야에서 세계 최고가 될 것입니다!" 라고 말했습니다.

✳ ✳ ✳

5학년 마지막 수업 주간에 벤의 반에서 철자 경시 대회를 열었습니다. 모든 학생이 예상했듯이 우승자는 바비 파머였습니다. 그러나 진정으로 벤을 놀라게 한 것은 바비가 철자 경시 대회에서 우승하기 위해 철자를 말해야만 했던 바로 그 단어였는데 그것은 "농업"(agriculture)이었습니다.

벤은 '나도 그 단어의 철자를 알고 있어!' 라고 생각했습니다. 벤은 전날 밤에 책을 읽다가 그 단어를 보았던 것입니다. '내가 그 단어의 철자를 안다면 나는 바비 파머보다 철자를 더 잘 알 수 있다.'

그날, 벤 카슨은 자기 반에서 가장 똑똑한 사람이 될 때까지 책을 읽을 것이라고 결심했습니다. 벤의 어머니의 말씀과 같이 벤은 그렇게 될 수 있었으며, 언제 어디서든지 책을 읽었습니다. 학교 가기 전에도, 방과 후에도 책을 읽었고, 화장실에 있을 때에도 책을 읽었습니다.

그리고 버스를 기다릴 때도 책을 읽었습니다. 벤은 계속해서 책을 읽었습니다. 2년이 지나자 "5학년에서 가장 멍청했던 아이"가 윌슨중학교 1학년에서 1등을 했습니다. 초등학교

5학년 때, 벤을 비웃었던 친구들이 이제는 벤에게 찾아와 도움을 청했습니다.

벤은 다른 학생들이 자기에게 찾아와 도움을 청하는 것을 좋아했으며, 그들의 인정을 받는다는 것이 무엇보다도 자랑스러웠습니다.

✳ ✳ ✳

대부분의 흑인 어린이들과 마찬가지로 벤과 커티스도 인종 차별을 경험했습니다. 그러나 그들 또래의 다른 많은 흑인 어린이들만큼 심하게 당하지는 않았습니다. 벤의 어머니는 두 아들을 인종 차별로부터 보호하려고 노력했습니다.

보스턴에서 살 때에는 흑인들만 모여 사는 동네에서 살았으며, 흑인 학교에 다녔고, 흑인 교회에서 예배를 드렸습니다. 그러나 카슨 가족이 보스턴에서 디트로이트로 이사하고, 벤이 히긴스초등학교에 전학을 하자 그들은 인종 차별을 경험하게 되었습니다.

벤과 같은 반 학생 중 존이라는 백인 아이가 과학 시간에 뛰어난 성적을 거두었습니다. 그래서 존은 학교를 대표해서 1주일에 3번씩 미시간주 전체의 학교들에게 방영되는 TV 과학 프로그램에 출연하는 영광을 얻었습니다.

존이 출연하는 날에는 5학년 학생들 전체가 열심히 TV를

지켜보았습니다. 벤은 크리스틴이라는 여학생 옆에 앉아 있었습니다. 그때 그들은 존의 차례가 언제인지 알아맞히는 게임을 했습니다. 그래서 한 부분이 끝났을 때, 벤은 자기가 제일 먼저 알아맞히려고 "다음에 존이 나올 거야!" 라고 소리쳤습니다.

그러나 어떤 흑인 학생이 나오자 학생들은 낄낄대며 웃었습니다. 그러자 크리스틴은 벤을 주먹으로 치며 "목을 졸라버릴 거야!" 라고 말했습니다. 마치 벤이 히긴스초등학교의 자랑인 존이 흑인이라고 말한 것처럼 흥분했습니다. 그 순간 벤은 크리스틴과 나머지 백인 급우들이 흑인이 된다는 것을 생각할 수 없는 모욕으로 여기고 있다는 사실을 깨달았습니다.

같은 해, 벤은 또다른 인종 차별을 경험했습니다. 어느 날 방과 후에 벤은 백인 친구들과 함께 길거리에서 놀고 있었습니다. 그때 화난 목소리가 백인 친구들을 모두 집으로 불러들였습니다. 혼자 남은 벤이 걸어가고 있었을 때, 그 아이들 중 한 명이 몰래 빠져나와 "우리는 더 이상 너와 함께 놀 수 없어. 너는 껌둥이기 때문이야!" 라고 말했습니다. 그때, 벤은 많은 사람들에게 있어서 흑인이 된다는 것은 좋지 않은 일이라는 사실을 이해하기 시작했습니다.

히긴스초등학교와 마찬가지로 중학교에서도 대부분의 학생들이 백인이었습니다. 벤은 그 곳에서도 인종 차별을 경험했습니다.

벤과 커티스가 다니는 윌슨중학교는 길을 따라 철길이 나 있었습니다. 그래서 학교 가는 길에 그들은 재미로 기차에 뛰어올라 탔습니다.

커티스는 먼저 그의 클라리넷을 올려놓고 훌쩍 뛰어 마지막 칸의 난간을 잡았습니다. 커티스는 보다 빠른 기차에 오르기를 좋아했고, 벤은 보다 느린 기차를 기다렸습니다. 그들은 그토록 위험한 장난을 했습니다. 그리고 그들은 기차에 뛰어올라야 했을 뿐만 아니라 철도 안전 요원도 경계해야만 했습니다. 안전 요원들은 사람들이 기차에 뛰어오르는지 항상 지키고 있었습니다.

그러나 안전 요원들은 결코 벤과 커티스를 잡지 못했습니다. 어느 날, 벤이 혼자 있었을 때, 한 무리의 보다 큰 소년들에게 잡혔습니다. 그들은 모두 백인이었고, 한 소년은 막대기를 들고 있었습니다.

막대기를 든 소년이 벤의 어깨를 쳤고, 다른 소년들은 그의 주위에 둥글게 섰습니다. 벤은 도망갈 곳이 없었습니다. 소년들은 벤에게 소리를 지르며 껌둥이라고 놀렸습니다.

벤은 나이에 비해 작고 말랐으며 그들과 상대가 되지 않는 다는 사실을 알았습니다. 벤은 자신을 방어할 수 없다는 사실을 알고 땅을 응시했습니다.

"다시 한번 더 잡히면 죽여 버릴 거야!"

그 소년들 중 한 명이 큰소리를 치고 나서 벤을 보내 주었습니다. 벤은 학교로 달려갔고, 그리고 다시는 기차에 뛰어 오르지 않았습니다.

같은 해, 벤과 커티스는 풋볼팀에 들어갔습니다. 그들은 몸집은 크지 않았지만 매우 빨랐고 풋볼 팀원들과 잘 지내고 있었습니다. 그러던 어느 날 연습이 끝난 후에 한 무리의 백인 청년들이 그들을 에워쌌습니다. 그 순간 벤과 커티스는 놀랐습니다. 백인들 중 한 명이 "너희들이 다시 이곳에 온다면 강물에 던져 버릴 것이다!" 라고 말했습니다.

그러자 벤과 커티스는 백인 청년들이 자신들을 다치게 할 것 같아서 다시는 풋볼 연습을 하러 가지 않았습니다.

벤은 학교 행사 때, 가장 심한 인종적 편견을 경험했습니다. 그것이 그토록 나빴던 것은 그의 선생님들 중 한 명이 그런 편견을 가지고 있었기 때문이었습니다.

강당에서 그 선생님은 벤에게 공부를 제일 잘했으니 상을

 벤 카슨

받으러 앞으로 나오라고 말했습니다. 상을 준 후, 그 선생님은 마이크를 잡고 흑인이 백인을 이겼다고 백인 아이들을 꾸짖었습니다. 선생님은 "너희는 열심히 노력하지 않았어!" 라고 말했습니다. 그녀의 메시지는 분명했습니다. 그녀는 백인 학생들이 흑인 학생들보다 더 똑똑하다고 생각했으며, 그리고 흑인 학생이 1등을 해서는 안 된다고 생각했습니다.

벤의 백인 친구들 중 몇 명이 그를 쳐다보며 매우 놀란 표정을 지었습니다.

벤은 그 선생님에게 무엇이 잘못되었는지 알지 못했습니다. 그녀는 벤의 담임 선생님이었습니다. 그녀는 벤이 얼마나 열심히 공부하고, 얼마나 똑똑한지를 알고 있었습니다. 벤은 상은 받았지만 불쾌한 표시를 내지는 않았습니다.

비록 그것이 여전히 벤의 마음을 상하게 하고 격분시키기는 했을지라도, 중학교 3학년이 될 때까지 더 이상 인종 차별이 벤에게 충격적으로 다가오지는 않았습니다.

중학교 첫 번째 학기가 끝나던 날, 벤은 선생님들에게 점수를 받기 위해 성적표를 들고 이 교실 저 교실을 다녀야만 했습니다. 벤은 모든 과목에서 A를 받고, 마지막으로 체육 교실에 들어갔습니다. 백인이었던 체육 선생님은 그의 성적표를 훑어보더니 벤을 쳐다보았습니다. 벤은 그 수업에서 A

를 받았지만 그는 B라고 적고 히죽 웃었습니다. 그는 벤이 모든 과목에서 A를 받지 못하게 만들었습니다. 그는 또한 벤이 어쩔 수 없을 것이라는 사실도 알고 있었습니다.

하지만 벤은 체육 선생님이 한 일에 대해 어머니에게 말하지 않았습니다. 그들은 또한 철길에서 만난 아이들에 대해서도, 학교 행사 때 담임 선생님이 한 말에 대해서도, 그들이 풋볼을 그만 둔 진짜 이유에 대해서도 결코 어머니에게 말하지 않았습니다.

왜냐하면 그들은 어머니가 걱정하시는 것을 원하지 않았기 때문이었습니다.

 벤 카슨

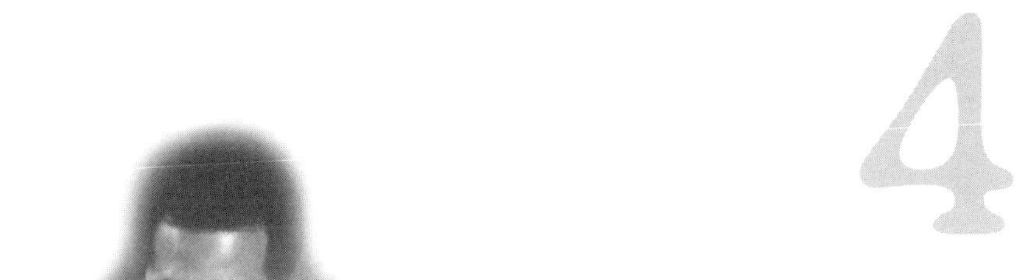

옷이 사람을 만들지 않는다

벤이 중학교 2학년이 되었을 때, 카슨 가족은 디콘가에 있는 그들의 옛 집으로 이사를 갔습니다. 마침내 어머니의 목표가 달성된 것이었습니다. 그 집은 작았지만 포근한 가정을 이룰 수 있었습니다.

벤에게 있어서 그것은 꿈이 실현된 것이었습니다. 그러나 학교를 옮겨야만 했습니다. 그는 윌슨중학교의 친구들을 떠나 헌터중학교로 전학했습니다.

벤은 여전히 그의 반에서 가장 우수한 학생들 중 한 명이었습니다. 그러나 윌슨중학교의 학생들과는 달리 그의 새로운 급우들은 누가 공부를 잘하는가에 대해서는 별로 신경을 쓰지 않았습니다.

그들은 누가 옷을 잘 입는가에 대해 더욱 신경을 썼습니다. 좋은 옷, 즉 이태리제 니트 셔츠, 실크 바지, 악어 가죽 신발, 창이 좁은 모자 등은 값이 매우 비쌌습니다. 벤의 어머니는 그와 같은 것들을 사 줄 돈이 없었습니다.

월슨중학교에서는 벤이 공부를 잘했기 때문에 친구들이 그를 존중했습니다. 그러나 헌터중학교에서는 존중을 받기 위해서 옷을 잘입고, 농구를 잘하며, 다른 학생들을 골려줄 줄도 알아야만 했습니다.

헌터중학교로 전학을 가자마자 벤은 다른 학생들의 놀림감이 되었습니다. 벤은 새로 전학을 온 학생이었으며, 그의 옷도 분명히 좋은 것이 아니었습니다.

"인디언들이 커스터 장군(영화 "작은 거인"에 등장하는 인물)의 낡은 옷을 어떻게 했는지 아니?" 라고 한 학생이 물었습니다.

그러자 "어떻게 했는지 말해 줘!" 라고 다른 학생이 말했습니다.

"그들은 그 옷을 잘 보관해 두었다가 벤 카슨에게 주었어!" 라고 대답했습니다.

"정말 그런 것 같아!"

"가까이 가보면 100년이나 된 것 같은 냄새가 나!" 라며 놀려댔습니다.

벤은 몇 주 동안 그 일에 대해 곰곰이 생각해 보았습니다. 그는 새 급우들과 사귀기 위해서 어떻게 해야 할 지를 알지 못했습니다.

'내게 무슨 잘못이 있나? 내가 왜 달라져야만 하지?'

벤은 놀림감이 되지 않으려면 오히려 놀려 줘야 하겠다고 생각했습니다. 벤은 '너희들이 나를 놀리고 싶어? 그렇다면 내가 놀리는 것이 어떤 것인지를 보여 주지.' 라고 생각했습니다.

그 다음날 벤은 준비를 하고 학교에 갔습니다. 반 아이가 먼저 시작을 했습니다.

"이봐, 네가 입은 셔츠는 세계 1차 대전, 세계 2차 대전, 세계 3차 대전, 세계 4차 대전을 다 겪은 것 같아!"

그러자 "그래. 그리고 너의 엄마가 그것을 입고 있지!" 라고 벤은 대답했습니다.

주위에 서 있던 학생들 뿐만 아니라 놀리기를 시작한 학생까지 웃음을 터뜨렸습니다. 그는 벤의 등을 치면서 "그만하면 됐어!" 라고 말했습니다.

오래지 않아 벤을 괴롭히던 학생들은 관심을 다른 곳으로 돌렸습니다. 괜히 벤을 놀리다가는 본전도 찾지 못한다는 사

실을 알았기 때문입니다. 그래서 벤은 기뻤습니다.

그러나 벤은 여전히 새로운 학교에 적응하지 못했습니다. 헌터중학교 학생들은 가난한 학생이 아무런 가치가 없다고 생각하는 것 같았습니다.

그리고 벤은 비록 가족들이 예전의 자기 집으로 이사를 왔을지라도 여전히 가난하다는 사실을 알고 있었습니다. 벤의 가족은 정부로부터 식량 배급권을 받았습니다. 그런 도움이 없었더라면 벤의 어머니는 살림을 꾸려 나갈 수 없었을 것입니다.

그러나 벤은 그의 가족이 식량 배급권을 사용한다는 사실을 다른 사람들이 알기를 원하지 않았습니다. 우유나 빵을 사러 식료품 상점에 갔을 때에는 그가 식량 배급권으로 음식을 사는 것을 친구들이 볼까봐 계산대 주변을 주의 깊게 살펴보았습니다. 또 그가 줄을 서 있는 동안 누가 걸어오면 마치 무엇을 잊어버린 것처럼 가장하고 상점 뒤로 걸어갔습니다.

벤은 주머니에 식량 배급권을 넣고 집을 나설 때마다 누가 볼까봐 두려웠습니다. 그러면 그가 가난하다는 것을 알게 될 것이기 때문이었습니다.

벤이 고등학교 1학년이 되었을 때, 옷이 인생에 있어서 가장 큰 문제라고 생각했습니다. 그는 무엇보다도 다른 아이들

 벤 카슨

처럼 좋은 옷을 입기를 원했습니다. 벤은 그것 때문에 어머니와 다투었습니다.

"벤, 좋은 옷을 입는다고 달라질 게 없어!"

어머니가 말씀하셨습니다.

"그러나 애들이 나를 비웃어요!" 라고 벤이 대답했습니다. 그러자 어머니는 말씀하셨습니다.

"어리석은 사람들이 옷 때문에 다른 사람을 비웃는단다. 어떤 사람이 너보다 더 좋은 옷을 입었다고 해서 너보다 더 훌륭한 것은 아니야!"

거의 매일 벤은 더 좋은 옷을 사 달라고 어머니를 졸라 댔습니다. 벤은 어머니가 더 좋은 옷을 사줄 여유가 없으며 어머니를 실망시킬 뿐이라는 사실을 잘 알고 있었지만 다른 아이들처럼 좋은 옷을 입기를 간절히 원했습니다.

벤은 학교에서 돌아와 숙제를 하는 대신에 밖에 나가 야구를 했습니다. 그리고 친구들과 어울려 다니기 시작하자 성적이 떨어졌습니다.

벤이 성적이 떨어져 불량배들 중 한 명이 되었을지라도 여전히 벤을 그들의 일원으로 받아 주지 않았습니다. 벤이 좋은 옷을 입지 않았다는 이유 때문에 벤은 근사해지기를 간절히 원했고, 어머니에게 더욱더 불평을 했습니다. 벤은 어머니에게 오직 이태리제 니트 셔츠만 사달라고 간청했습니다.

그러자 어머니는 벤에게 얼마나 실망했는지를 말해 주고, 자식을 달리 키워야 되겠다고 생각했습니다. 즉 다른 사람들이 하는 대로 따라하는 사람으로 만들지 않아야 되겠다고 생각했습니다.

그래서 어머니는 벤이 너무나도 똑똑하기 때문에 유행이나 따르며 머리를 사용하지 않는 멍청이들을 따라가지 않을 거라 생각한다고 말했습니다.

그러나 벤은 간절히 원하는 것, 자기를 행복하게 만들어 줄 수 있는 것은 오로지 이태리제 니트 셔츠 뿐이라고 말했습니다.

그러자 어머니는 말했습니다.

"좋다. 그러면 다음 주에 내가 번 돈을 모두 가져와 너에게 넘겨줄테니 네가 식료품도 사고, 세금도 내고, 다른 필요한 물건을 산 후에 남는 돈이 있다면 이태리제 니트 셔츠를 사라!"

'이 얼마나 좋은 찬스인가!' 라고 벤은 생각했습니다. 벤은 식료품을 사고 다른 세금들도 지불하기 시작했습니다. 그러나 모든 것을 지불하기도 전에 돈이 떨어져 버렸습니다.

벤은 초등학교 3학년까지 밖에 교육을 못받은 어머니가 그

만한 수입으로 자식들을 먹이고 입히셨다는 사실을 생각했습니다.

어머니가 손에 못이 박히도록 일하시고, 다른 사람의 집마루를 닦아주며, 화장실을 청소해 준 대가로 1주일에 100달러의 수입 밖에 없음에도 불구하고, 벤은 불평을 하고 75달러짜리 셔츠를 사달라고 어머니를 졸랐던 것입니다.

벤은 '나는 얼마나 이기적인 사람인가?' 라고 생각하며 벤은 다시 공부하기 시작하자 성적도 올라갔습니다. 급우들은 벤을 비웃고 촌뜨기라고 불렀습니다. 그러나 벤은 그런 일에 신경 쓰지 않겠다고 결심했습니다.

벤은 "내가 20년 후에 무슨 일을 하는지 두고 봐라. 그리고 너희가 20년 후에 무슨 일을 하는지 보자!"라며 모든 어려움과 괴로움을 극복했습니다. 벤은 꿈을 가졌을 뿐만 아니라 그것을 이루기 위한 계획도 가지고 있었습니다. 주변 사람들도 그것을 알고 있었습니다.

화를 잘 내는 성격

벤은 8살 때부터 14살 때까지 의료 선교사가 되겠다는 꿈을 가지고 있었습니다. 그러나 좋은 옷을 입기를 원했을 때에는 가난이 싫었습니다. 그래서 벤은 의료 선교사 대신에 정신과 의사가 되기를 원했습니다.

벤은 정신과 의사가 무엇을 하는지 알지 못했습니다. 다만 TV에 나오는 그들의 모습이 모두 부자처럼 보였습니다. 그들은 맨션에서 살고 재규어(영국제 고급 스포츠카)를 타며 크고 호화로운 사무실에서 일을 했습니다. 그리고 그들이 하는 일은 하루 종일 미친 사람들과 대화를 나누는 것이었습니다.

벤은 생각했습니다.

'나도 온종일 미친 사람들과 대화를 나누고 있다. 내가 그 일을 한다면 아주 잘 할 수 있을 거야.'

벤은 「오늘의 심리학」 이라는 잡지를 읽기 시작하고, 새로운 계획을 세웠습니다. 벤은 여전히 의사가 되기를 원했지만 그러나 의사가 되는 데에는 큰 장애물이 있었습니다.

※ ※ ※

벤이 외모에 대해서 신경을 쓰던 어느 날, 그의 어머니가 새 바지를 사 주셨습니다. 벤은 그 바지를 보고 "나는 그것을 입지 않을 거예요. 그것은 유행에 뒤떨어진 촌스러운 것이에요!" 라고 말했습니다.

"촌스럽다니 그게 무슨 말이니?" 라고 어머니가 물으셨습니다. 어머니는 방금 일하고 돌아오셔서 몹시 피곤하셨습니다.

"너에게는 새로운 바지가 필요해. 이 바지를 입어라!"

"싫어요!"

벤은 소리를 지르며 바지를 어머니에게 던졌습니다. 카슨 부인은 조용히 바지를 접어 식탁 의자 위에 올려놓았습니다.

"그 바지는 세일을 해서 샀기 때문에 반품이 안 된다!"

"몰라요. 어쨌든 그 바지는 입지 않을 거예요. 그것은 내가 원하는 바지가 아니에요!"

 벤 카슨

"벤, 항상 우리가 원하는 것만 가질 수는 없어!"

"나는 내가 원하는 것을 가질 거예요!" 라고 벤은 소리를 지르며 어머니를 향하여 주먹을 날렸습니다. 곁에서 보고 있던 커티스가 뒤에서 벤을 잡았습니다. 그리고 벤을 어머니에게서 떼어냈습니다.

벤은 평상시에는 모범생으로 거의 문제를 일으키지 않았습니다. 그러나 기질적인 문제를 가지고 있었습니다. 벤은 쉽게 화를 내지는 않았지만 그러나 화가 났을 때는 완전히 통제력을 잃어버렸습니다. 거의 어머니를 칠 뻔한 후에도 벤은 자신이 심각한 문제를 가지고 있다는 사실을 인정하지 않았습니다.

하루는 학교 복도에서 어떤 소년을 때렸습니다. 벤의 손에는 자물쇠를 들고 있었기 때문에 그 소년의 이마에 3cm 정도의 상처가 났습니다. 또 다른 때에 벤은 화가 나서 어떤 아이에게 돌을 던져 그 아이의 안경이 깨지고 코피가 났습니다. 그래서 벤은 끝내 교장실에 불려갔습니다.

그러나 그럴 때마다 벤은 다음과 같이 생각하고 훌훌 털어버렸습니다.

'누구를 다치게 하려던 것은 아니야. 나는 좋은 놈이야. 나는 나의 기질을 다스릴 수 있어. 그것은 그리 큰 문제가 아니야.'

그러던 어느 날 벤이 더 이상 무시할 수 없는 사건이 일어났습니다. 그것은 벤의 인생을 바꾸어 놓았습니다.

벤이 중학교 3학년 때였습니다. 그는 그의 친구 보브(Bob)와 함께 보브의 집에서 라디오를 듣고 있었습니다. 그때 보브가 라디오 채널을 다른 방송국으로 돌렸습니다. 그러자 벤이 다시 되돌려 놓았습니다. 역시 보브도 자기가 듣고 싶은 방송국 주파수로 다시 스위치를 돌렸습니다. 밥은 다시 스위치를 돌렸습니다.

그때, 갑자기 벤은 통제력을 잃어버렸습니다. 순간 벤은 주머니에 있던 캠핑용 칼을 꺼내 보브의 배를 찔렀습니다. 칼은 보브의 벨트에 있던 금속 버클에 맞아 부러졌습니다.

벤은 너무나도 화가 나서 보브의 배를 찌를 뻔했으며, 보브는 벤의 발 밑에 쓰러져 피를 흘리며 죽을 뻔하므로 수년간 소년원에 갈 뻔했습니다. 칼이 보브의 벨트에 있던 금속 버클에 맞은 것은 정말 행운이었습니다.

보브는 벤을 쳐다보았습니다. 그는 너무나도 놀라서 아무 말도 하지 못했습니다.

벤은 더듬거리면서 "미… 미… 미안해!" 라고 말했습니다. 그리고 칼을 떨어뜨리고는 집으로 달려갔습니다.

벤은 화장실로 달려들어가 문을 걸어 잠그고 바닥에 주저앉았습니다. '나는 친구를 죽이려 했어! 나는 미쳤어. 미친 사람만이 친구를 죽이는 거야.' 라고 생각했습니다.

그는 눈을 질끈 감았습니다. 그러나 방금 일어난 일이 눈에 선했습니다. 그의 손 … 칼 … 부러진 칼날 … 보브의 얼굴. 벤은 몇 시간 동안 그 자리에 앉아 있었습니다. 힘이 빠지고 비참해졌으며 등줄기에는 식은땀이 흘렀습니다. 벤은 자신에 대하여 혐오감을 느꼈습니다.

그러자 기도해야겠다는 생각이 들었습니다.

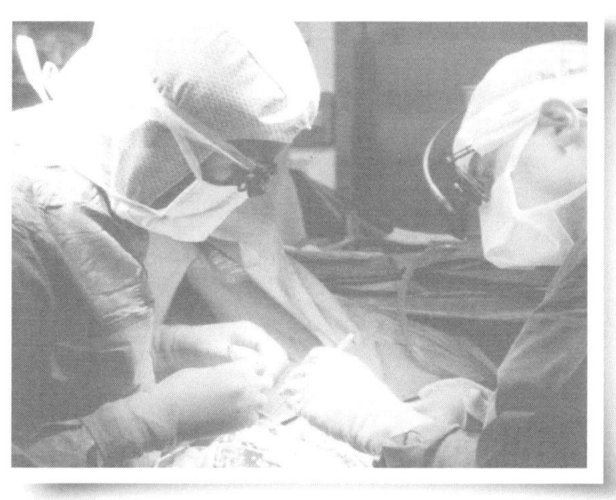

그 작은 화장실에서 벤은 마침내 자기에게 기질상의 문제가 있다는 사실을 깨닫게 되었습니다. 또한 스스로의 힘으로는 자신의 기질을 통제할 수 없다는 것을 깨달았습니다. 벤에게는 하나님의 도우심이 필요했습니다.

벤은 기도했습니다.

"주님, 나를 도와주세요! 이 못된 기질을 없애 주세요!"

약 1년 간 벤은 「오늘의 심리학」이라는 잡지를 읽었습니다. 거기서 사람의 기질은 그의 인격적 특징이며, 사람들은 그들의 인격적 특징을 받아들여야만 한다는 말을 읽었습니다. 대개 사람들은 그런 특징을 변화시킬 수 없습니다.

그러나 벤은 만약에 자기가 그런 기질적인 문제를 가지고 있다면 의사가 되려는 그의 꿈을 결코 이룰 수 없다는 사실을 알았습니다.

벤은 끈질기게 기도했습니다.

"주님, 나를 변화시켜 주세요. 주님은 성경에서 만약에 내가 믿음으로 무엇을 구한다면 이루어 주실 거라고 약속하셨습니다. 주님께서 나를 변화시켜 주실 수 있음을 믿습니다."

벤은 화장실에서 나와 성경을 갖고 다시 화장실 바닥으로 가서 성경을 펼치니 잠언이 나왔습니다. 그가 본 첫 구절은 화를 내는 것과 또 화를 내는 사람은 어려움을 당할 뿐이라는 사실에 대한 것이었습니다. 그것은 벤 자신을 위해 기록되어진 것 같았습니다. 그리고 벤이 거듭해서 읽은 구절은 잠언 16장 32절이었습니다.

노하기를 더디 하는 자는 용사보다 낫고 자기의 마음을 다스리는 자는 성을 빼앗는 자보다 나으니라

그것은 마치 하나님께서 벤에게 직접 말씀하시는 것 같았습니다. 성경을 읽고 기도를 하고 나니 마음에 평안이 찾아왔습니다. 벤은 울음을 그쳤습니다. 손이 떨리는 것도 멈추었습니다. 하나님께서 벤의 기도에 응답해 주셨음을 알았습니다.

　벤은 4시간 동안 화장실에 있었습니다. 벤이 밖으로 나왔을 때, 하나님께서 자신의 마음에 어떤 변화를 가져다 주셨음을 알게 되었습니다. 벤은 분명 변화되었습니다.

　그리고 벤 카슨은 결코 다시 그의 기질 때문에 어려움을 겪지 않게 되었습니다.

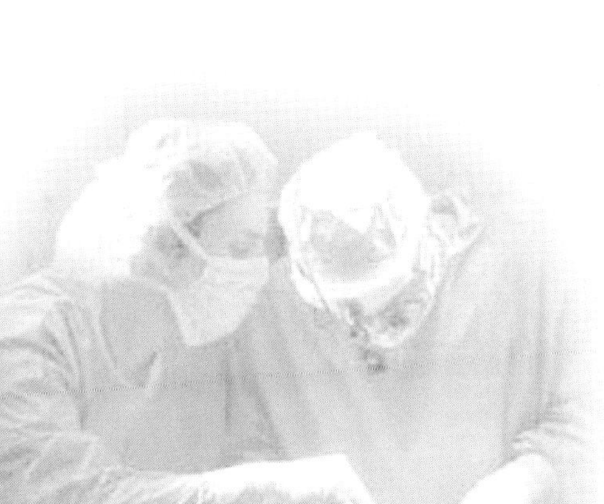

6

결심

벤은 8살 때, 예수님을 믿기로 결심하고 크리스천이 되었습니다. 그러나 12살 때, 벤은 세례를 받고 싶었습니다. 그래서 벤은 목사님에게 말했습니다.

"제가 어렸을 때에는 세례의 중요성을 알지 못했어요. 그러나 저는 12살이 되었고 이제 세례의 의미를 이해하며 세례를 받을 준비가 되어 있어요!"

그러자 목사님은 벤에게 세례를 주었습니다.

벤이 친구를 칼로 찔러 죽이려한 14살 때, 화장실에서 4시간을 보낸 후에 벤의 믿음은 이전과는 달리 인격적이고, 진심에서 우러나오는 것이 되었습니다. 벤은 날마다 성경을 읽고 기도를 했습니다.

벤은 또한 아무것도 두려워할 필요가 없다는 사실을 깨달았습니다. 그날 화장실에서 자신의 마음을 변화시키신 하나님께서는 우주를 창조하신 하나님이셨습니다. 하나님께서는 전능하신 분으로서 모든 일을 하실 수가 있다는 것을 벤은 알았습니다.

그리고 하나님께서 그가 의사가 되기를 원하신다는 벤의 확신은 이전보다 더욱 강해졌습니다.

❀ ❀ ❀

벤은 1년 동안 나쁜 친구들과 휩쓸려 다녔던 것을 보상하기 위해 고등학교 마지막 2년 동안 열심히 공부를 했습니다. 지난 1년 동안은 얼마나 뛰어난 학생이 되느냐는 것보다도 어떻게 하면 좋은 옷을 입고, 학교에서 다른 친구들과 잘 어울릴 것인가에 대해서 신경을 썼습니다. 그러나 남은 2년 동안은 너무나 열심히 공부를 했기 때문에 졸업할 때쯤에는 전교 3등까지 올라갔습니다.

학교 성적도 좋았을 뿐만 아니라 SAT(대학 수학 능력 시험) 점수도 높았기 때문에 벤은 자기가 원하는 어느 대학이라도 갈 수가 있었습니다. 그리고 웨스트포인트(미육군사관학교)에서 전액 장학생으로 오라는 제의를 받았으며, 미시간

대학교에서도 벤을 초청했습니다. 많은 대학 관계자들이 벤을 만나 자신들의 학교로 오라고 설득했습니다. 그러나 벤은 집에서 먼 학교에 가기를 원했습니다.

고등학교 졸업반이 되던 해 봄, 그는 하버드나 예일, 두 대학교로 선택의 폭을 좁혔습니다. 그러나 벤은 그 두 대학교 중에서 결정을 내릴 수가 없었습니다. 두 대학교 다 벤에게 장학금을 제공하겠다고 했습니다.

어느 일요일 오후, 벤은 TV 쇼를 보고 있었습니다. 그것은 "제너럴 일렉트릭 칼리지 보울"(General Electric College Bowl)이라는 프로그램이었는데, 여러 대학에서 나온 팀들이 서로 다양한 주제에 대한 질문에 대답하면서 경쟁하는 퀴즈 쇼였습니다. 그날은 하버드대학교와 예일대학교에서 나온 팀들이 경쟁을 했습니다.

벤은 예일대학교 학생들이 하버드대학교 학생들을 510대 35로 이기는 것을 보고 깊은 인상을 받았습니다. 그래서 벤은 즉시 결심을 했습니다.

'하버드는 잊어버리고 예일로 가자!'

1969년 가을에 캠퍼스로 걸어 들어갔을 때, 벤은 모든 사람에게 특별한 인상을 심어 주어야겠다고 생각했습니다. 그

는 고등학교에서도 뛰어난 성적을 거두었으며, SAT에서도 높은 점수를 받았습니다. 수개월 동안 대학 관계자들이 자기네 학교로 오라고 말했습니다. 그래서 벤은 자신이 꽤 특별한 사람이라고 생각했습니다. 그는 자신이 예일대학교에 가기로 선택했기 때문에 예일대학교는 행운이라고 생각했습니다.

그러나 대학에 들어온 지 1-2주간이 지나자 예일대학교에서 자신만 공부를 잘하는 것이 아니라는 사실을 깨달았습니다.

벤은 몇몇 학생들과 함께 식당에 갔습니다. 그리고 그 자리에서 그들은 SAT 점수를 비교해 보았습니다. 그 자리에 있던 모든 학생이 자기 보다 더 높은 점수를 받았다는 사실을 알게 되었고, 대학교는 중·고등학교와 전혀 다르다는 사실도 알았습니다.

그러나 벤은 시험 직전까지 제대로 공부하지 않았습니다. 과거에는 벼락치기 공부를 했어도 좋은 점수를 받았는데, 예일대학교에서는 그 전략이 잘 먹혀 들지 않았습니다.

첫 학기 때, 벤은 날마다 매주마다 자신이 뒤쳐진다는 것을 느꼈습니다. 화학 시간에는 너무나도 뒤쳐졌기 때문에 실망을 했습니다. 사실상 그는 꼴찌였습니다.

화학 기말 고사가 있기 전날 오후, 벤은 캠퍼스를 거닐며 자신이 처한 상황의 심각성에 대해 생각하고 걱정했습니다.

 벤카슨

'나는 화학 시험에서 낙제할 것이다. 그렇게 된다면 나는 대학을 계속 다닐 수 없다. 나는 결코 의사가 될 수 없을 것이다. 하지만 나는 의사가 되기를 간절히 바라고 있다.'

그는 그 문제에 대해 곰곰이 생각해 보았습니다. 그가 가질 수 있는 유일한 희망은 너무나도 작은 것이었습니다. 화학 교수는 어떤 법칙을 가지고 있었습니다. 학생이 학기 중에는 공부를 못했어도 기말 고사만 잘 본다면 다른 점수는 제쳐 두고 기말 점수만을 가지고 평가했습니다. 그것은 벤이 그 과목을 통과할 수 있는 유일한 기회였습니다.

벤은 기말 고사를 잘 보아야만 했습니다.

'그러나 내가 배운 것들을 이해하지도 못하는데 어떻게 기말 고사를 잘 볼 수 있을까?'

그때 어머니의 음성이 마음 속에 들렸습니다 :

'벤, 마음만 먹으면 무슨 일이든지 할 수 있단다.'

벤은 기숙사로 돌아가 공부를 시작했습니다. 기말 고사에서 좋은 점수를 받기 위해 어떻게 공부를 해야 할지 알 수가 없었지만 그러나 최소한 노력은 해 보아야만 했습니다.

벤은 화학 책을 펴놓고 기도를 했습니다.

'주님, 저는 도움이 필요합니다. 주님께서는 제가 의사가 되기를 원하신다고 항상 생각하게 하셨습니다. 그러나 만약에 이 시험에서 낙제한다면 저는 의사가 될 수 없습니다. 제가 어떻게 해야 하는지 알려주시든지 아니면 기적을 일으켜 이 시험에서 통과할 수 있게 해 주십시오!'

벤은 공식들과 방정식을 외우고 교과서를 읽으며 학기 동안에 파악하지 못했던 것을 이해하려고 노력하면서 여러 시간 동안 공부를 했습니다. 마침내 한밤중쯤 되니 정신이 흐려지고 책의 글씨들이 희미해지기 시작했습니다.

벤은 불을 끄고 침대에 누웠습니다. 잠이 들기 직전에 벤은 어두움 속을 향하여 속삭였습니다 :

"주님, 실망시켜 드려서 죄송합니다. 저를 용서해 주세요."

밤에 벤은 이상한 꿈을 꾸었습니다. 꿈속에서 그는 화학 교실에 혼자 앉아 있었고 어떤 사람이 강의실 앞으로 걸어나와 칠판에 화학 문제를 쓰기 시작했습니다. 그리고 답도 적었습니다. 그 동안에 벤은 앉아서 구경을 했습니다.

다음날 아침에 벤이 깨어났을 때, 꿈에 칠판에서 본 것을 분명하게 기억할 수 있었고, 벤은 일어나서 그 문제들을 적기 시작했습니다. 몇 가지 답들은 희미했습니다. 그러나 놀랍게도 문제들은 분명하게 기억할 수 있었습니다.

벤은 샤워를 하고, 옷을 입고, 아침을 먹었습니다. 화학 강

 벤카슨

의실로 향했을 때, 너무 지쳐서 정신이 멍했습니다. 그리고 기말 고사 시험 준비를 제대로 하지 못했다는 것을 분명히 알고 있었습니다.

벤은 강의실로 들어갔습니다. 그러나 꿈과는 달리 혼자가 아니었습니다. 교수님이 강의실로 들어와 그날 시험을 치를 600명의 학생들에게 시험지를 나누어 주었습니다.

벤은 시험지를 펼쳤습니다. 순간 첫 번째 문제가 꿈속에서 어떤 사람이 칠판 위에 적었던 것과 똑같은 문제라는 것을 알았습니다. 너무 놀라 벤은 숨을 깊이 들여 마셨습니다.

'이게 웬일이지? 이런 일이 정말 있을 수 있을까?'

벤은 급히 시험지를 훑어보았습니다. 모든 문제가 꿈속에서 본 문제들과 같았습니다.

벤은 급히 답을 적어 나갔습니다. 모든 문제를 기억하고 있었고, 답도 알고 있었습니다. 끝 부분에 가서 몇 문제를 놓쳤는데 그것은 꿈속에서 본 것을 잊어버리기 시작했기 때문이었습니다. 그러나 벤은 그 시험에 통과할 수 있다는 자신감을 얻었습니다.

벤은 강의실에서 나와 약 1시간 동안 예일대학교 캠퍼스를 거닐었습니다. 그는 기도했습니다.

"감사합니다. 주님. 주님은 오늘 저에게 기적을 보여 주셨습니다!"

　그러나 벤은 결코 다시는 그와 같은 일을 해 달라고 간구하지 않기로 하나님께 약속했습니다. 벤은 벼락치기 공부를 하지 않고 학기 중에 열심히 공부하기를 기도했으며, 그것을 실천했습니다.

　그날 이후로, 벤은 하나님께서 자신이 의사가 되기를 원하신다는 사실을 더욱더 확신하게 되었습니다.

7

캔디와 벤

대학에서 벤은 또다른 중요한 교훈을 배웠습니다. 예일 대학교 캠퍼스와 기숙사에 들어갔을 때, 벤은 매우 놀랐습니다. 기숙사는 벤의 인생에 있어서 가장 훌륭한 환경을 제공해 주었습니다. 그러나 그것은 단지 시작에 불과했습니다. 디트로이트 빈민가 출신의 비쩍 마른 학생이 미국에서 가장 부유한 가정 출신인 교수들과 동료 학생들의 집도 방문해 보았습니다.

벤은 부자들의 생활 습관들을 관찰할 수 있는 기회를 얻을 수 있었습니다. 그 결과 그의 어머니가 벤과 커티스에게 항상 해 주신 말씀이 사실이라는 것을 알게 되었습니다. 부자들도 다른 사람들과 별로 다를 것이 없었습니다. 그래서 크게 성공하는 것은 가능했습니다. 그러나 환경이 달라지기를 원한다고 해서 성공이 이루어지는 것은 아닙니다. 그가 의사로서 성공하기를 원한다면 공부를 열심히 하고, 세상에서 가치있는 기술을 개발해야 할 것입니다.

그와 동시에 벤은 부(富)가 오히려 불리한 조건이 될 수 있다는 사실을 깨달았습니다. 많은 학생들이 돈의 가치를 알지 못하는 것 같았습니다. 그들은 기숙사 방에 세련된 스테레오 장비를 들여놓고, 뉴욕시로 값비싼 여행을 하며, 사치스러운 데이트를 하기 위해 많은 돈을 썼습니다. 돈은 학생들의 정신을 산만하게 하여 공부에 집중할 수 없게 만들었고, 어떤 학생들은 첫해에 퇴학을 당하기도 했습니다.

벤은 돈이 없다는 것 - 처음에는 그것에 대해 부끄러움을 느꼈습니다 - 은 어떤 의미에서 그의 학문적 성공에 실제적으로 기여했다는 사실을 깨닫게 되었습니다. 돈을 쓰고 다닐 기회가 없었기 때문에 벤은 동료 학생들보다 더욱 공부에 집중할 수 있었습니다.

벤은 예일대학교 3학년 직전에 캔디 러스틴(Candy Rustin)을 만났습니다. 그러나 벤은 공부에 집중하느라고 데이트를 즐길 여유가 없었습니다. 돈을 벌기 위해 열심히 일하고, 또

가능한 한 좋은 점수를 얻기 위해 열심히 공부하다보니 데이트를 하거나 여자에 대해 생각할 여유가 없었습니다.

예일대학교는 매년 그로세 포인트 컨츄리 클럽에서 미시간 주 출신 신입생 환영회를 개최했는데, 선배들이 신입생들을 환영했습니다. 그 환영회에서 벤은 미소를 지으며 모든 사람과 스스럼없이 대화를 나누는 예쁜 여학생을 보았습니다. 벤은 '정말 예쁜 여학생이구나!'라고 생각했습니다. 그날 오후부터 그들의 우정은 시작되었습니다.

얼마 후, 벤은 캠퍼스를 거닐다가 캔디를 다시 보게 되었습니다. 벤은 미소를 지으며 공부가 잘 되는지 물었습니다. 그녀는 "모든 과목에서 A학점을 받을 것 같아!"라고 대답했고 벤은 '와! 정말로 머리가 좋구나.'라고 생각했습니다.

벤은 예일대학교에 입학한 첫해부터 가까운 교회에서 정기적으로 예배에 참석했습니다. 그에게 있어서 교회는 제2의 가정이 되었습니다. 거의 매주, 예배가 끝난 다음에 교인들이 벤과 그의 친구를 초대하여 함께 저녁식사를 했습니다. 또 벤은 성가대에서 찬양을 불렀습니다. 교회에 오고갈 때에 성가대 지휘자인 오브리 톰킨스가 차를 태워 주었습니다.

캔디가 성가대 오르간 반주자가 되기 위해 오디션을 받았기에 벤은 힘이 났습니다. 그녀는 따로 직업을 갖지 않았습

니다. 다만 성가대에서 노래만 불렀습니다.

그래서 그녀와 벤은 주중에는 캠퍼스에서, 주말에는 교회에서 서로를 볼 수 있었습니다. 머지않아 그들은 성경 공부반에 참석했습니다. 그래서 방과 후에 서로 대화를 나누기 위해 만나게 되었습니다.

하지만 그들은 단지 친구에 지나지 않았습니다. 그들은 학교 공부에 너무 바빠서 다른 것에 대해서는 생각할 여유가 없었습니다.

그 다음해, 추수감사절 휴가 기간 동안에 벤과 캔디는 SAT 시험에서 높은 점수를 받은 미시간주 출신 학생들을 면담하는 일을 맡았습니다. 벤은 자동차를 빌렸고 캔디와 함께 이 도시 저 도시를 돌면서 디트로이트 지역에서 예일대학교에 가기를 원하는 학생들을 만났습니다. 그리고 그들은 틈이 나는 대로 친구들과 가족들을 만났습니다.

시간이 흘러 휴가가 끝나는 마지막 날에 벤과 캔디는 늦게 예일대학교로 되돌아가기 시작했습니다. 벤은 다음날 아침 8시까지 뉴 해븐으로 가서 빌린 자동차를 되돌려 주어야만 했습니다. 그리고 마감 시간을 지키기 위해서는 밤새도록 자동차를 몰아야만 했습니다.

그 길은 대부분 주 경계선을 넘는 고속도로였는데, 벤은 이미 지쳤습니다. 그들이 코네티컷주로 향할 때에 벤은 캔디에게 "졸음 운전을 할 것 같아!" 라고 말했습니다.

오하이오주 경계선을 넘은 직후, 캔디는 그만 잠이 들었습니다. 벤은 그 동안 바쁜 일정 때문에 그녀가 피곤할 것이라 생각하고 그냥 자게 내버려두었습니다.

새벽 1시경에 벤은 "오하이오, 영스타운" 이라는 표지판을 보았습니다. 제한 속도는 시속 70마일이었지만 벤은 시속 80 내지 90마일로 달렸습니다. 자동차는 잘 나갔습니다. 그래서 정해진 시간 내에 도착할 것 같았습니다.

그리고 차안은 안락하고 따뜻했습니다. 캔디는 옆 좌석에서 평화스럽게 잠을 자고 있었고, 그 시간에는 지나다니는 차가 거의 없었습니다. 사실상 벤이 다른 차를 본 지 꽤 되었습니다.

벤이 영스타운 표지판을 본 지 오래지 않아 고속도로상에서 운전을 하는 도중에 벤도 그만 잠이 들었습니다.

차선을 분리하는 금속 조명등을 밟고 지나서 타이어가 진동할 때, 벤은 잠에서 깨어났습니다. 그러나 앞을 바라보았을 때, 도로 옆으로 가파르게 떨어지는 검은 골짜기가 있었고, 차는 그 곳을 향하여 달려가고 있었습니다.

벤은 액셀러레이터에서 발을 떼고, 다시 자동차가 도로로 향하도록 있는 힘을 다해 핸들을 돌렸습니다. 그 순간 자동차는 홱 돌았고, 반대편으로 몇 바퀴 돌았습니다.

벤은 핸들을 놓쳤습니다. 그때 벤의 머릿속에 어린 시절의 모습들이 스쳐 지나갔으며 '이제는 죽는구나.'라고 생각했습니다.

마침내 자동차가 돌기를 멈추었을 때, 자동차는 올바른 차선 위에 있었습니다. 엔진은 여전히 돌고 있었습니다. 자동차는 올바른 방향으로 가고 있었습니다.

벤은 자동차의 속도를 줄이고 갓길에 세웠습니다. 몇 초 후에 커다란 트레일러 자동차가 무서운 속도로 지나갔습니다.

벤은 시동을 끄고 어두움 속에 앉아 있었습니다.

"우리는 살았어! 하나님께서 우리의 생명을 구해 주셨어! 하나님, 감사합니다!"라고 벤은 크게 외쳤습니다.

벤의 목소리에 캔디가 깨어났습니다. 그녀는 "벤, 뭐가 잘못됐어? 왜 여기 서 있는 거야?"라고 물었습니다.

"아무일도 아니야!"

벤은 그녀를 안심시켰습니다. 그러나 캔디는 끈질기게 물었습니다.

"무슨 일이야? 우리가 왜 여기에 서 있는 거야?"

벤은 다시 출발하여 고속도로로 들어갔습니다.

캔디가 다시 물었습니다.

"벤, 무슨 일이야? 말 좀 해봐!"

벤은 깊은 숨을 들이 마셨습니다. 그리고 그녀에게 방금 일어난 일에 대해 말해 주었습니다. "우리 둘 다 죽는 줄 알았어!" 라고 말할 때에 그의 심장은 여전히 뛰고 숨이 찼습니다.

캔디는 벤의 손을 잡고 말했습니다.

"주님께서 우리를 살려 주셨어! 주님께서는 분명히 우리를 위한 놀라운 계획을 가지고 계셔!"

그 후에 벤과 캔디는 태양이 떠오를 때까지 대화를 나누며 운전을 했습니다.

그 사건 이후, 벤과 캔디는 서로를 사랑하고 있다는 사실을 알았습니다.

벤은 대학교 졸업반이 되었을 때, 다른 학생들과 마찬가지로 의과 대학에 지원했습니다. 그러나 어느 의과 대학에 가야할지 걱정하는 다른 학생들과는 달리 벤은 미시간대학교 의과 대학에 갈 자신이 있었습니다. 하나님께서 그가 의사가 되기를 원하신다는 사실을 굳게 믿었기 때문에 벤은 아무런 걱정도 하지 않았습니다.

어느 날 의과 대학 진학 문제로 고민하던 어떤 학생이 벤에게 찾아와 물었습니다.

"벤, 너는 걱정이 안 되니?"

벤은 대답했습니다.

"그래. 나는 미시간대학교에 갈 거야!"

"어떻게 확신할 수 있어?"

그 친구는 알고 싶어했습니다.

벤은 대답했습니다.

"그거야 쉽지! 우리 아버지가 그 대학의 주인이시니까!"

벤은 자기가 말하는 아버지가 하늘에 계신 아버지, 온 우주를 창조하시고 모든 대학교를 포함해서 그 안에 있는 모든 것을 소유하신 하나님이라는 사실은 말하지 않았습니다.

벤은 미시간대학교 의과 대학에 지원하자 즉시 합격을 했습니다.

그리고 캔디는 2년 더 예일대학교에 다녀야만 했으므로 서로 떨어져 있어야만 했습니다. 그러나 그들은 매일 서로 편지를 쓰기로 약속했고, 지금도 가지고 있는 연애 편지들은 그들이 그 약속을 지켰다는 사실을 증명해 주고 있습니다.

8

여름 방학 아르바이트

의과 대학에 입학하고 보니 벤은 캔디와 떨어져 있는 것만 어려운 것이 아니었습니다. 학교 공부는 생각했던 것보다 더 어려웠습니다.

비록 예일대학교에서는 성공적이었다 할지라도 의과 대학 첫해에는 고전을 면치 못했습니다. 벤의 지도 교수는 벤이 의과 대학에 다닐 만큼 머리가 좋지 않다고 생각하며 포기하라고 말했습니다. 그러나 벤이 거부하자 과목 수를 절반으로 줄이라고 충고했습니다. 하지만 과목 수를 줄이면 의과 대학을 졸업하는데 4년이나 걸립니다.

비록 벤이 지도 교수를 만나고 실망했을지라도 벤은 자기가 해낼 수 있다는 사실을 알았습니다. 해결의 열쇠는 자기에게 가장 힘든 부분의 이유를 알아내고, 그 문제를 해결할 수 있는 계획을 세우는 것입니다.

벤은 곧 무엇을 공부하느냐가 아니라 어떻게 공부하느냐가 더 중요하다는 사실을 깨달았습니다. 벤의 공부는 오직 강의 듣는 것 뿐으로 하루 6시간 내지 8시간 동안 앉아서 수업을 들었습니다. 하지만 머리에 들어오는 것은 아무것도 없었습니다. 그는 항상 독서를 통해서 가장 잘 배울 수 있었고, 지금도 그 힘을 이용하는 방법을 찾아야 할 필요가 있었습니다.

의과 대학에 다니는 나머지 기간 동안 벤은 대부분의 강의를 빼먹었습니다. 그 대신에 그의 방이나 도서관에서 독서를 했습니다. 벤은 교과서를 읽었고, 모든 종류의 참고 자료들을 읽었습니다. 그리고 벤은 다른 학생들에게 강의 노트를 빌려 그것도 공부했습니다. 그러나 직접 손으로 하는 실험에는 반드시 참석했습니다.

벤의 새로운 학습 계획은 효과가 있었습니다. 벤의 성적이 월등히 좋아지자 벤의 지도 교수가 놀랐을 뿐만 아니라 벤 자신도 놀랐습니다.

그러나 벤에게 있어서 의과 대학은 결코 쉬운 곳이 아니었

습니다. 벤은 오랜 시간 동안 공부하고, 또 많은 자료들을
조사하다 혹은 책을 읽다가도 잠이 들었습니다. 벤은 졸음을
쫓기 위해 일어서서 기숙사 방을 거닐면서 책을 읽었습니다.
또한 45분 동안 책을 읽고 15분 동안은 자기가 하고 싶은 것
을 했습니다.

　벤은 일반 대학에 다닐 때나 의과 대학에 다닐 때, 매 학기
중에는 학교 수업을 위주로 공부했습니다. 그러나 여름 방학
때마다 벤은 학비를 벌기 위해 직업을 가져야 했습니다.

　어느 해, 여름 방학 때는 웨인주립대학교 생물 실험실에서
일했습니다. 또다른 여름 방학 때는 포드자동차회사 사무실
에서 일했는데 매일 와이셔츠에 넥타이를 매고 일을 했습니
다. 또다른 여름 방학 때는 클라이슬러자동차회사 조립부에
서 자동차 범퍼를 조립했습니다. 또다른 여름 방학 때는 방
사선 기술자로서 엑스레이(X-ray)를 찍었습니다.

　그리고 두 번의 여름 방학 동안 벤은 고속도로에서 쓰레기 줍
는 일을 했습니다. 벤은 6명의 일꾼들을 감독했는데, 그들이
하는 일은 고속도로를 따라 걸으면서 쓰레기를 줍는 것이었
습니다. 일꾼들은 구간별로 나누어서 일을 했으며, 하루 1인
당 평균 2봉지의 쓰레기를 주웠습니다. 벤은 만약에 자신의

일꾼들이 더욱 열심히 일한다면 1시간 이내에 그만큼 할 수 있다는 사실을 알았습니다. 그들이 새로운 방법으로 일한다면 더욱 잘할 수 있을 거라고 생각했습니다.

그래서 벤은 일꾼들과 협상을 했습니다.

"만약에 여러분들이 다른 일꾼들보다 아침 6시에 출근하여 합계 150봉지(1인당 25봉지)의 쓰레기를 줍는다면 집으로 돌아갈 수 있을 것입니다. 그리고 여러분들은 하루 일당을 받을 수 있을 것입니다."

벤의 일꾼들은 동의 했습니다. 그리고 가장 짧은 시간에 누가 가장 많은 쓰레기를 줍는지 서로 경쟁을 했습니다. 그들은 이른 아침 서늘할 때 일을 하고, 다른 일꾼들이 일을 하기 시작할 때에 돌아갔습니다. 그들은 하루 종일 뜨거운 열기 가운데서 일을 하는 다른 일꾼들을 비웃었습니다.

벤은 그가 지시 받은 지침대로 따르지 않았지만 벤의 일꾼들이 가장 많은 양의 쓰레기를 주웠기 때문에 아무도 불평하지 않았습니다.

그러나 벤은 그 당시에 창조적인 방법을 찾는 것이 의사가 되는데 어떤 도움을 주었는지 알지 못했습니다. 그러나 나중에 벤을 위대한 의사로 만들어준 특징들 중의 하나가 바로 일을 하는데 있어서 보다 새롭고도 나은 방법을 찾을 수 있는 능력이었습니다.

✻　✻　✻

비록 여름 방학 때마다 좋은 일자리를 찾아 열심히 일했을 지라도 벤은 학기 중에 쓸 돈이 거의 없었습니다. 한번은 2학년 때, 빈털터리가 되었습니다. 그는 캠퍼스를 거닐며 생각에 잠겼다가 하나님께 기도를 했습니다.

"주님, 저를 도와주세요. 교회에 갈 버스비가 필요합니다."

벤이 오래된 대학 교회를 향해 걸어갈 때, 아래를 쳐다보니 땅 위에 10달러 짜리 지폐가 놓여 있었습니다.

'주님, 감사합니다!'

3학년 때에도 무척 힘든 시기가 있었습니다. 버스비나 전화비조차 없었습니다. 벤은 또다시 혹시나 땅에 돈이 떨어져 있는지 살피면서 대학 교회를 향해 걸어갔습니다. 그러나 또다시 그런 행운은 없었습니다.

같은 날 설상가상으로 그는 시험을 다시 쳐야만 했습니다. 대학 게시판에 따르면 며칠 전에 본 심리학 시험지가 "부주의로 불에 탔다"는 것이었습니다. 그래서 벤은 시험을 다시 치기 위해 강의실로 향했습니다.

교수님은 150명의 학생들에게 시험지를 나누어 주고 강의실을 떠났습니다. 그것은 무감독 시험이었습니다. 벤은 문제

들을 읽기 시작했습니다.

'와! 원래 문제보다 훨씬 더 어렵구나!'

벤만이 그렇게 생각한 것은 아니었습니다. 잠시 후, 어떤 학생이 말했습니다.

"어휴! 나는 답을 적을 수가 없어. 너무 어려워. 나갈 거야. 그리고 교수님께 게시판을 보지 못했다고 말할 거야. 시험을 다시 친다면 다음 번에는 무엇을 공부해야 할지 알 수 있을 거야!"

그렇게 말하고 그 학생은 일어서서 강의실을 나갔습니다. 잠시 후에 다른 학생들도 그와 같이 했습니다.

하지만 벤은 계속 시험지를 응시했습니다. 그리고 생각했습니다.

'이것은 공평하지 않아. 그러나 나는 최선을 다해야만 해. 그리고 게시판을 보지 못했다고 거짓말을 하지 않을 거야!'

벤은 이따금씩 다른 학생들이 일어서서 걸어나가는 소리를 들으면서도 계속 시험에 열중했습니다. 30분 후에 강의실에는 벤 혼자 남아 있었습니다.

갑자기 교실 문이 열리고 교수님이 걸어들어 오셨습니다. 사진 기자도 들어와 벤의 사진을 찍었습니다.

"무슨 일입니까?" 라고 벤이 물었습니다.

 벤카슨

교수님이 대답하셨습니다.

"이건 테스트야. 누가 가장 정직한 학생인지 알아보기 위해 그랬단다. 그게 바로 너야!"

교수님은 벤에게 상으로 10달러 지폐를 건네주셨습니다.

일반 대학과 의과 대학 사이의 여름 방학 동안에 벤은 직업을 구할 수 없었습니다. 회사들이 사원들의 수를 줄이고 더 이상 고용하지 않았습니다. 벤의 어머니는 세네트강철회사 사장의 자녀들을 돌보아 주고 있었습니다. 카슨 부인은 세네트 씨에게 벤에 대해 말했고, 그는 벤에게 자기 회사의 일자리를 마련해 주었습니다. 그래서 벤은 크레인을 운전하는 일을 했습니다.

그 해 여름에 벤은 자기 자신에 대해 중요한 교훈을 배웠습니다. 크레인 기사로서 벤은 레버(Lever; 지레)를 정확하게 조종해야만 했습니다. 그래야 크레인의 팔이 높이 쌓아 놓은 물건들 위를 지나치면서 기울어지거나 흔들리지 않고 강철을 집어들 수 있었습니다. 벤은 좁은 공간에 주차한 트럭 위에 강철을 실어야만 했습니다.

벤은 자기가 비범한 능력을 가졌다는 사실을 발견했습니다. 그것은 하나님의 은사였습니다. 벤은 3차원적으로 생각하고 볼 수 있는 능력을 가졌던 것입니다.

그는 강철이 어떻게 움직이고 어느 곳에 맞는지 예상할 수 있었습니다. 그것은 그가 크레인을 운전하는데 도움을 주었으며, 또한 그가 수술을 할 때 환자를 3차원적으로 볼 수 있도록 도움을 주었습니다. 이 은사는 그가 수술을 할 때, 심지어 자기가 실제로 볼 수 없는 뇌 수술을 할 때에도 보이지 않는 부분에서 무슨 일이 일어나고 있는지 이해할 수 있게 해 주었습니다.

3차원으로 볼 수 있는 특별한 능력은 벤이 비록 의과 대학생이었지만 새로운 수술 기술을 개발할 수 있게 해 주었습니다.

어느 날 벤은 교수님이 어떤 환자에게 수술하는 것을 지켜보고 있었습니다. 교수님은 긴 바늘로 환자의 뒷머리를 보면서 "타원형의 소공을 찾는 것이 가장 어려운 일이다." 라고 말씀하셨습니다. 타원형의 소공은 두개골 기부에 있는 작은 구멍입니다.

벤은 생각했습니다.

'보다 쉬운 방법이 있을 거야. 분명히 그 일을 더 잘할 수 있는 또다른 방법이 있을 거야.'

 벤카슨

방과 후에 벤은 여름방학 동안에 일했던 방사선실에 갔습니다. 그의 친구들이 장비를 사용할 수 있게 해 주었습니다. 그리고 벤은 보다 나은 방법을 찾기 시작했습니다.

며칠이 지났습니다. 마침내 벤은 2개의 작은 금속 링과 엑스레이(X-ray)를 사용하면 바늘로 여러 번 찔러 보지 않고도 타원형 소공의 위치를 파악할 수 있다는 아이디어가 떠올랐습니다.

처음에 벤은 자기가 발견한 것을 교수님에게 말하지 않았습니다. 벤은 단지 의과 대학생에 지나지 않았지만 그들은 수년 간의 경험을 지닌 교수이며 신경외과 의사들이었습니다. 마침내 벤은 자신의 기술을 시험해 볼 수 있는 기회를 얻었습니다. 그리고 그것이 훌륭한 방법이라는 것을 알게 되었습니다.

그가 교수님에게 자신이 발견한 것을 보여 주었을 때, 주임 교수는 "카슨, 그것은 굉장한 발견이야!" 라고 말씀하셨습니다. 곧 모든 의사가 벤의 새로운 기술을 사용하게 되었습니다.

의과 대학 졸업반이 되었을 때, 벤은 중요한 결정을 해야만 했습니다. 어디에서 인턴과 레지던트 생활을 하며, 어떤

분야를 전공할 것인가라는 문제였습니다.

전공에 대해 생각할 때, 벤은 다음과 같이 생각했습니다.

'내가 어느 분야에서 잘할 수 있을까? 나는 뛰어난 손재주를 가지고 있으며 매우 주의 깊은 사람이다. 그리고 나는 인간의 두뇌에 대해 큰 관심을 가지고 있다. 그러므로 신경 수술을 하는 것을 좋아했다 … 나는 두뇌 수술을 전문으로 하는 위대한 외과 의사가 될 수 있을 것이다.'

그러나 그런 결정이 그를 어떻게 만들어 줄 지 벤 카슨 자신도 결코 상상할 수 없었습니다.

 벤카슨

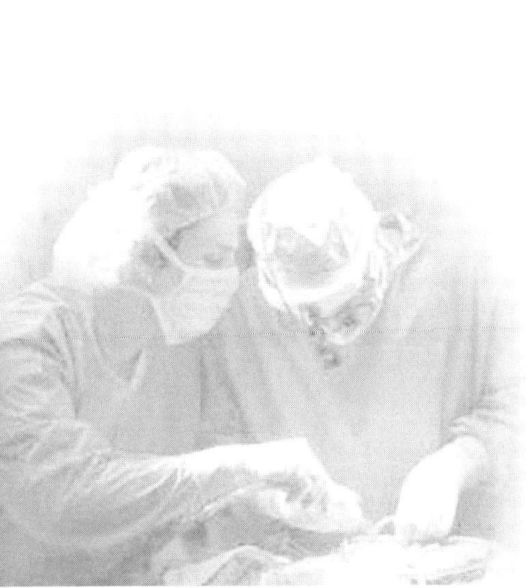

9

마란다 프랜시스코

벤은 신경외과를 전공하기로 결정한 후, 세계에서 가장 유명한 의료 기관인 존스 홉킨즈병원에서 레지던트 생활을 하기 위해 지원했습니다. 그가 존스 홉킨즈병원 신경외과 과정에 합격한 날은 그의 생애에 있어서 가장 행복하고 신나는 날들 중의 하나였습니다.

그러나 그의 생애에 있어서 진정으로 가장 행복하고 신났던 날은 캔디와 결혼한 날이었습니다.

캔디는 방금 예일대학교를 졸업했고, 벤은 의과 대학 2학년과 3학년 사이에 있었습니다. 처음 몇 년 동안 벤과 캔디는 미시간주 앤 아르버의 작은 아파트에서 살았습니다. 벤이 미시간대학교 의과 대학을 마칠 때까지 그렇게 했습니다.

그 젊은 부부는 앤 아르버에서 메릴랜드 볼티모어로 이사했는데, 거기서 벤은 존스 홉킨즈병원에서 신경외과 수련을 받기 시작했습니다.

존스 홉킨즈에 간 첫날, 벤은 초록색 가운을 입고 간호사 대기실 쪽으로 걸어갔습니다. 어떤 간호사가 그를 쳐다보며 "누구를 찾으러 오셨어요?"라고 물었습니다. 그녀는 그가 잡역부일 것이라고 생각했습니다.

"누구를 만나러 온 것이 아닙니다. 저는 새로 온 인턴입니다."라고 말하며 벤은 미소를 지었습니다.

그 간호사는 더듬거리며 사과를 했습니다.

"괜찮습니다. 새로 왔는데 제가 누군지 어떻게 알겠습니까?"라고 벤은 말했습니다.

인턴(의과 대학을 졸업한 후, 병원에서 실습 겸 조수로 근무하는 수련의) 과정을 마친 후, 벤은 1978년부터 1982년까지 존스 홉킨즈병원에서 레지던트 과정을 밟았습니다. 그 당시 사람들은 그 유명한 병원에 흑인 의사가 있는 것을 보고 놀랐습니다.

어떤 백인 부모는 벤의 책임자인 롱(Long) 박사에게 흑인 의사로부터 치료를 받지 않겠다고 말했습니다. 그러나 그럴

때마다 롱 박사는 "원하신다면 언제든지 퇴원하십시오. 그러
나 이 병원에 있는 한, 벤 카슨 박사가 당신들을 치료할 것
입니다."라고 말했습니다. 그러나 퇴원한 사람은 아무도 없
었습니다.

잠시 동안 캔디는 보험 회사에서 일을 했고, 병원에서 일
도 했으며 또한 화학 교수의 보조원으로도 일했습니다. 벤은
레지던트로서 오랜 시간 동안 일했기 때문에 좀처럼 집에 갈
수가 없었습니다. 그동안 캔디는 그 시간을 활용하여 다시
공부를 시작했습니다. 그래서 그녀는 경영학 석사 학위를 받
아 은행에 취직했습니다.

레지던트 시절, 벤은 신경외과의 기본적인 것들을 거의 완
벽하게 공부했습니다. 그는 또한 연구 활동도 하고, 그의
기술과 성품으로 인해 교수님들에게 깊은 인상을 심어주기
도 했습니다. 그가 수련을 끝마쳤을 때, 그의 담당 과장 교
수님은 함께 일하자고 제의했습니다. 그러나 벤과 캔디는
또 한번의 모험을 염두에 두고 있었습니다.

벤은 어떤 신경외과 의사를 만났는데, 그는 계속해서 "오
스트레일리아의 퍼스병원에서 주임 교수로 일합시다."라고
말했습니다.

벤이 처음에는 그 제의를 심각하게 받아들이지 않았습니

다. 그러나 그의 오스트레일리아 친구는 계속해서 말했으므로 마침내 벤과 캔디는 하나님께서 그들을 오스트레일리아로 인도하신다고 느꼈습니다. 그들은 저축해 둔 돈을 모두 털어 비행기표 2장을 사서 지구의 반대편으로 향했습니다.

벤이 들어간 퍼스병원은 오스트레일리아 대륙에서 신경외과의 중심지였습니다. 오스트레일리아에서 1년 동안 벤은 미국의 의사들이 일생 동안 얻는 것보다 더 많은 경험을 할 수 있었습니다.

오스트레일리아 체류 기간이 끝났을 때, 벤과 캔디는 미국으로 돌아왔습니다. 그리고 새로 태어난 아들 머리(Murray)도 데리고 왔습니다.

벤은 환영을 받으며 존스 홉킨즈병원으로 되돌아 왔습니다. 몇 개월 후 소아 신경외과 과장 자리가 비었을 때, 벤은 그 자리를 맡아 달라는 부탁을 받았습니다. 그 당시 벤은 33세였습니다.

1년도 되지 않아 벤은 마란다 프랜시스코라는 환자를 만났습니다. 다른 의사들은 이 작은 소녀와 그녀의 부모들에게 회복할 수 있다는 희망을 주지 못했습니다. 그러나 벤은 다른 방법으로 마란다의 문제를 해결하기로 결심했습니다.

벤이 마란다를 처음 보았을 때, 소녀는 매일 100번 정도

 벤카슨

발작을 일으켰습니다. 벤은 마란다가 발작을 하기 시작할 때
는 항상 오른쪽 입이 떨린다는 사실을 알았습니다. 그리고
오른쪽 얼굴이 떨린 후, 몸 전체의 오른편이 움직일 때까지
오른팔과 오른쪽 다리가 경련을 일으키기 시작했습니다. 그
리고 몸의 반쪽을 쓰지 못했습니다.

마란다는 병원에 도착했을 때, 거의 음식을 먹을 수 없었
습니다. 음식을 먹는다는 것은 너무나도 위험했습니다. 왜냐
하면 질식할 수도 있기 때문이었습니다. 그녀는 걷고 말하는
법도 잊어버렸습니다. 그리고 끊임없이 지켜보고 또 많은 약
물 치료를 해야 할 필요가 있었습니다.

몇 주 동안, 벤은 마란다의 기록을 살펴보았습니다. 모든
발작이 오른편에서 시작된다는 사실을 알고 벤은 그 원인이
왼쪽 뇌에 있다고 생각했습니다. 그것이 벤에게 어떤 좋은
아이디어를 제공해 주었습니다. 만약에 그녀의 뇌 중에서 손
상된 반쪽을 제거할 수만 있다면 발작이 멎을 것이라 생각되
었습니다.

그래서 벤은 환자의 뇌의 절반을 제거하는 헤미스퍼렉토미
(Hemispherectomy: 반구절제 뇌 수술)라는 수술 절차에 대
한 모든 기사와 논문을 읽었습니다. 그 수술은 수십 년 전에
도 시도되었으나 성공하지 못했습니다. 그러나 그 이후로 수

술 기술이 크게 발전했습니다. 그래서 벤은 '어쩌면 지금은 그 수술을 성공적으로 할 수 있을지도 몰라.'라고 생각했습니다.

벤은 마란다의 수술이 자기가 시도한 수술들 중에서 가장 어려운 것들 중의 하나라는 사실을 알았습니다. 그는 또한 그 결과가 자신의 경력과 그리고 또 논란이 많은 그 수술에 대한 다른 의사들의 자세를 바꾸어 놓을 수 있다는 사실도 알았습니다. 그러나 해결되지 못한 문제들이 많이 있었습니다.

왼쪽 뇌는 언어를 지배합니다. 만약에 벤이 그것을 제거한다면 마란다는 말을 할 수 있을까? 뇌의 절반이 없어져도 그녀는 보고 걸을 수 있을까? 왼쪽 뇌는 신체의 오른편을 지배하는데 만약에 수술을 한다면 마란다의 오른편이 마비되지 않을까? 이러한 질문들에 대해 아무도 대답할 수 없었습니다.

벤이 알고 있던 것은 다음과 같은 사실이었습니다.

"이 작은 소녀의 뇌를 손상시킨 질병은 점점 더 나빠져 가고 있다. 만약에 내가 수술을 하지 않는다면 마란다는 죽을 것이다."

마침내 벤은 마란다와 그녀의 부모에게 말했습니다.

"저는 헤미스퍼렉토미 수술을 할 것입니다. 그러나 이전에

 벤 카슨

그런 수술을 해본 경험이 없습니다. 마란다는 수술 도중에 죽을지도 모르고, 마란다의 뇌의 다른 쪽에 손상을 줄 수도 있습니다.”

“만약에 수술을 하지 않는다면 어떻게 될까요?”라고 그녀의 부모가 물었습니다.

“더욱 나빠져 죽을 겁니다.”라고 벤이 대답했습니다.

“만약에 가능성이 있다면 수술을 해 주세요!”라고 마란다의 부모는 말했습니다.

수술하기 전날 밤, 벤은 병실에 있는 마란다와 그녀의 부모를 방문했습니다. 벤은 다시 한번 더 수술 절차에 대해 그들에게 말해 주었습니다. 그리고 나서 “여러분들에게 한 가지 숙제를 내 주겠습니다. 저는 수술하기 전에 모든 환자와 그 가족들에게 숙제를 내 줍니다.”라고 말했습니다.

“당신이 원하신다면 무슨 일이라도 하지요!”

마란다의 아버지는 환자의 부모가 무슨 일을 할 수 있을까 의아하게 생각하면서 그렇게 말했습니다.

“오늘밤에 기도를 하십시오! 기도는 분명 큰 힘이 된다고 믿습니다!”라고 벤이 말했습니다.

마란다의 부모도 동의했습니다. 벤은 자신도 기도를 하겠다고 약속했습니다. 그리고 그날 밤, 잠자리에 들기 전에 벤은 하나님께 자신의 손을 인도해 주시며 마란다 프랜시스코에게 생명을 달라고 간구했습니다.

그 다음날 수술실에서는 처음부터 일이 꼬였습니다. 마란다의 뇌가 발작으로 인해 너무나도 큰 손상을 입었기 때문에 의사들이 건드릴 때마다 조직에서 피가 나왔습니다. 벤이 칼을 대는 곳마다 모세혈관을 조심스럽게 밀봉하고 피를 닦아내야만 했습니다. 그래야 자기가 무슨 일을 하는지 볼 수 있었습니다.

벤의 수술팀에는 또다른 외과 의사인 네빌 넉클리 박사뿐만 아니라 간호사들, 기술자들, 마취 전문 의사 등이 포함되어 있었습니다. 환자가 피를 너무 많이 흘려 그들은 매우 바빴습니다.

천천히 그리고 신중하게 8시간 이상 걸려서 벤은 마란다의 왼쪽 뇌를 분리했습니다. 수술을 할 때, 벤은 계속해서 하나님께 자신의 손을 인도해 달라고 기도했습니다.

수술실에 들어간 지 거의 10시간만에 마란다의 두개골을 봉합하고 의사들이 나왔습니다. 그들은 성공적으로 그녀의 왼쪽 뇌를 제거했습니다.

그러나 그 결과는 아무도 몰랐습니다. 마란다의 발작이 멎을까? 마란다는 과연 말을 할 수 있을까?

벤과 마란다가 수술실을 나설 때, 마란다의 부모는 그들이 병원 홀로 내려오는 소리를 들었습니다. 프랜시스코 부인은 그들의 딸을 보기 위해 대기실에서 달려왔습니다. 그리고 그들의 작은 딸에게 키스를 해 주었습니다. 마란다는 눈을 살며시 뜨고 작은 목소리로 말했습니다.

"엄마, 아빠 사랑해요!"

그것은 마란다가 말을 할 수 있을 것인가라는 질문에 대한 대답이었습니다.

마란다가 살았으며 말도 한다는 소식이 병원 내에 빠르게 퍼졌습니다. 그리고 나서 마란다는 오른쪽 팔과 오른쪽 다리를 움직였습니다. 그것은 그녀의 오른편이 마비되지 않았다는 증거였으며, 가장 좋은 것은 발작이 재발하지 않았다는 것이었습니다.

마란다의 수술은 벤 카슨이 행한 수많은 뇌 수술 중에서 첫 번째 것이었으며, 많은 환자들이 회복되어 정상적인 삶을 살아가고 있습니다.

�֍   �֍   �֍

그때 이후로, 벤은 마란다와 같이 발작으로 괴로움을 당하는 많은 환자들을 보았습니다. 어떤 환자는 뇌종양 때문에, 어떤 환자는 사고나 선천적인 다른 문제들 때문에 그렇게 되었습니다. 벤이 치료한 대부분의 어린이들은 그런 병을 치료하기에는 충분한 경험이 없다고 생각한 다른 의사들이 존스 홉킨즈병원으로 보내준 환자들이었습니다. 그런 이유로 벤은 복잡한 문제를 가진 많은 환자들을 볼 수 있었습니다. 많은 경우에 있어서 벤은 희망과 또다른 삶의 기회를 제공해 줄 수 있었습니다.

그와 같은 환자들 중에 1987년 2월, 독일에서 태어난 쌍둥이 형제가 있었습니다. 그들은 또다른 유럽 대륙에서 태어난 패트릭(Patrick)과 벤자민 바인더(Benjamin Binder)였습니다. 그러나 그들이 존스 홉킨즈병원에 찾아온 것은 벤 카슨의 인생을 엄청나게 변화시켰습니다. 벤도 그에 못지 않게 그들을 변화시켰습니다.

10

패트릭과 벤자민 바인더

패트릭과 벤자민은 두개골이 붙은 샴 쌍둥이(Siamese twins) 였습니다. 그들은 태어났을 때부터 머리가 붙어 있었습니다. 이와 같은 샴 쌍둥이는 너무나도 희귀해서 200만명 중에 한 번 태어날까 말까 합니다. 그리고 두개골이 붙은 샴 쌍둥이 들은 대개 태어나자마자 죽습니다.

의사들은 그 원인을 완전히 알지 못합니다. 그러나 대부분 그 쌍둥이들이 완전히 분리되지 못한 하나의 난자에서 성장 했다고 믿습니다. 어떤 사람들은 그 아기들이 분리되어 있었 지만 자라면서 서로 붙었을 것이라고도 합니다.

패트릭과 벤자민은 다른 면에서는 건강한 아기들이었습니

다. 그들의 머리는 뒤에서 붙어 있었습니다. 그래서 서로의 얼굴이 반대 방향으로 향해 있었으므로 정상적인 아기들처럼 움직일 수가 없었습니다. 그들이 서로 붙어있는 한 그들은 결코 걷거나 기거나 앉거나 뒤집을 수가 없을 것입니다. 그리고 그들은 서로 바라볼 수도 없었습니다.

그들이 독일에서 태어난 후, 소아과 의사들은 그 샴 쌍둥이를 분리할 수 있는지 알아보기 위해 존스 홉킨즈병원과 접촉했습니다. 벤은 그 아기들의 기록을 살펴보았습니다. 그리고 의학적으로 연구했습니다. 벤은 수술이 어렵다는 사실을 알았지만 그러나 오직 수술만이 패트릭과 벤자민이 정상적인 생활을 할 수 있게 만들어 줄 수 있는 유일한 희망이라는 사실도 알았습니다.

그 수술은 일생의 도전이 될 것이고, 벤이 단 한번만 할 수 있는 수술이 될 것입니다. 그 수술을 하는데 7명의 소아과 마취 전문 의사들, 5명의 신경외과 의사들, 2명의 심장병 전문 의사들, 5명의 성형외과 의사들 그리고 수십 명의 간호사들과 기술자 등 약 70명의 의료진들이 필요할 것입니다.

벤과 그리고 또 그 수술에 참여할 3명의 다른 의사들, 즉 크레이그 듀프레슨, 마크 로저스, 데이비드 니콜스 등은 독일로 가서 그 아기들을 점검하고, 그들의 부모를 만나려는 계획을 세웠습니다. 거기서 머무는 동안에 듀프레슨은 샴 쌍둥이의 두개골 피부를 늘이기 위해 풍선을 집어넣을 것입니다. 또한 그들을 분리시킨 후에 그들의 두개골을 덮기 위해서는 더 많은 피부가 필요할 것이며 그 만큼의 피부가 자라는 데에는 수개월이 걸릴 것입니다.

그러나 예상치 못한 일이 발생했습니다. 벤이 독일로 가기 2주 전에 집에 도둑이 들었습니다. 잃어버린 물건들 중에는 벤의 여권도 들어있었습니다. 그 여권이 없으면 해외에 갈 수가 없었습니다.

벤은 그 서류들을 되찾을 수 있는지 경찰서에 조사해 달라고 부탁했습니다.

"아마 어려울 겁니다. 도둑들이 그것들을 내버렸을 겁니다." 라고 경찰관이 대답했습니다.

벤은 공항의 여권과에 문의해 보았습니다. 그러나 "죄송합니다. 벤 카슨 씨. 그토록 짧은 시간 내에 여권을 재발급할 수는 없습니다." 라는 대답만 들었습니다.

벤은 기도했습니다.

"주님, 만약에 제가 이 수술을 하기 원하신다면 여권을 재발급 받게 해 주셔야만 합니다."

이틀 후에 경찰서로부터 전화가 왔습니다. 벤의 여권과 잃어버린 서류들을 쓰레기통에서 찾았다고 말했습니다. 그래서 벤은 샴 쌍둥이를 검진하기 위해 독일로 갈 수 있었습니다.

존스 홉킨즈병원은 5개월 농안 분리 수술을 할 준비를 했습니다. 그들은 5번에 걸쳐 한번에 3시간씩 리허설을 했습니다. 그들은 접착 테이프를 붙인 실물 크기의 인형으로 수술 연습을 했습니다. 연습한 후에는 상세한 수술 절차에 대하여 토론했습니다. 그리고 잘못되는 경우에 어떻게 대처할 것인가에 대해서도 논의했습니다. 그들은 각각 어떤 위치에 서야 다른 사람들에게 방해가 되지 않을 지에 대해서도 결정을 했습니다.

의사들은 저체온법, 혈액 순환을 위한 대체 혈관, 심장 박동 정지 등의 방법을 사용할 계획이었습니다. 육체적 기능을 저하시키기 위해서는 체온을 떨어뜨릴 것이며, 대체 혈관이 인공 심폐기를 통해 혈액을 순환시킬 것입니다. 그리고 의사들은 의도적으로 아기들의 심장 박동을 멈추기로 작정했습니다. 그 3가지 기술들을 동시에 사용한 적은 결코 없었습니다. 그러나 의사들은 그 3가지 방법들을 동시에 사용하는 것만이 뇌에 손상을 주지 않는 최선의 방법이라고 믿었습니다.

마침내, 1987년 9월 5일 오전 7시 15분, 의사들은 생후 7개월 된 샴 쌍둥이를 분리하는 수술을 시작했습니다.

 벤 카슨

마취과 의사들이 그 아기들에게 약물을 투입하여 수술하는 동안 잠이 들게 했습니다. 심장병 의사들은 그 아기들의 심장이 제 기능을 하는지 살펴보기 위해 모니터를 삽입했습니다.

그 다음, 벤은 주의 깊게 그 아기들의 머리 가죽을 절개하기 시작했습니다. 그는 뼈조직을 보호하면서 두개골을 잘랐습니다. 그래야 두개골을 재결합할 때, 다시 사용할 수 있기 때문이었습니다.

그리고 나서 의사들은 뇌를 덮고 있는 질긴 막을 잘랐습니다. 특별히 여기에는 변수가 많기 때문에 벤과 다른 의사들이 주의를 기울여야만 했습니다.

천천히, 그리고 주의 깊게 의사들은 두 아기가 붙어 있는 머리쪽 부분을 자르기 시작했습니다.

잠시 후에 뇌 중에서 **토르쿨라(Torqula)**라고 불려지는 부분에 도달했습니다. 그 쌍둥이는 정상적인 것보다 훨씬 큰 하나의 토르쿨라를 공유하고 있었습니다. 그리고 벤이 토르쿨라를 분리하기 위해서 자르기 시작했을 때, 아기들은 많은 피를 흘리기 시작했습니다.

피를 멈추게 하기 위해서 의사들은 그 쌍둥이에게 저체온법을 실시했습니다. 또한 의사들은 혈액을 식혀 주는 인공 심폐기를 그들에게 연결했습니다. 그래서 그들의 체온을 섭

씨 35도에서 20도로 낮추었습니다. 의사들은 또한 두 아기의 심장을 정지시키고, 인공 심폐기를 꺼서 피가 아기들의 몸으로 흘러 들어가지 못하게 했습니다. 그래야 출혈 때문에 죽게 만들지 않으면서, 두 아기의 뇌를 분리하고 혈관을 재봉합 할 수 있었습니다.

그러나 단지 1시간만 저체온법을 사용할 수 있었습니다. 그 후에는 뇌에 손상을 줄 수도 있으므로 만약에 1시간 내에 인공 심폐기를 다시 틀어 따뜻한 피를 아기들의 몸에 공급하지 않는다면 뇌에 손상을 주게 될 것입니다.

그 방안에 있던 모든 사람은 그 수술이 생사의 갈림길에 있으며 시간과 싸우고 있다는 사실을 알고 있었습니다. 의사들이 그 아기들을 분리시키는데 1시간의 여유밖에 없었습니다.

모든 사람이 힘을 합쳐 자기가 맡은 일을 충실히 하고 있을 때, 그 방은 적막할 정도로 조용했습니다. 20분 후, 벤은 마지막으로 두 아기들을 연결하고 있던 혈관을 잘랐습니다. 패트릭과 벤자민은 생후 처음으로 개인이 되었습니다. 완전히 분리된 개인이 되었습니다.

한 아기는 벤이 맡았고, 다른 아기는 돈린 롱(Donlin Long) 박사가 맡았습니다. 다시 피가 흐를 수 있도록 분리된 혈관을 재봉합해야 하는데 필요한 시간은 40분 정도 남았습니다. 의사들은 그 일을 하는데 거의 1시간이 걸릴 것이라고 생각했습니다. 그것은 너무나 긴 시간이었습니다.

시간을 절약하기 위해, 심장병 의사들이 어떤 형태와 크기의 대체 조직들이 필요한지 알아보기 위해 벤과 롱 박사의 어깨 너머로 관찰했습니다. 그들이 자기가 각자 맡은 일을 훌륭히 수행했기 때문에 벤과 롱 박사는 훨씬 빨리 혈관 재봉합 수술을 할 수가 있었습니다.

롱 박사가 먼저 수술을 끝마쳤습니다. 벤도 겨우 몇 초를 남기고 수술을 끝냈습니다.

"이제 끝났다!" 라고 어떤 사람이 말했습니다. 인공 심폐기가 다시 켜지고 아기들의 피는 다시 흐르기 시작했습니다. 그러나 아직 위험은 끝나지 않았습니다.

그 다음 3시간 동안 의사들은 수술 도중에 잘려진 모세혈관에서 흘러나오는 피를 막기 위해 싸웠습니다. 피가 인공 심폐기를 통해 흐르기 위해서는 묽어야만 했기 때문입니다. 그리고 묽은 피는 응고되지 않기 때문입니다. 그러므로 모든 혈관에서 피가 흘러나왔습니다.

의사들은 될 수 있는 한 빨리 작은 혈관들을 봉합시켰습니다. 아기들이 흘린 피를 보충하기 위해 의사들은 계속해서 더 많은 피를 공급했습니다.

마침내 피가 떨어졌습니다. 병원 내 혈액 은행의 피가 고갈되었습니다. 볼티모어시 전역에 전화를 했습니다. 마침내 적십자 혈액 은행에서 아기들에게 맞는 혈액형의 피를 찾았습니다. 그들은 10파인트(Pint; 액량의 단위로 473cc)의 혈액을 가지고 있었으며 그것은 수술을 끝마치는데 필요한 양과 정확히 일치했습니다.

그러나 의사들이 피를 멎게 한 후에도 축하할 시간은 없었습니다. 그 쌍둥이들의 뇌가 빠른 속도로 부풀어올라 두피를 봉합할 수 없을까봐 염려 되었습니다. 그래서 그들은 아기들에게 약물을 투입하여 그들을 혼수 상태에 빠뜨려 뇌의 활동을 약화시켰습니다. 마침내, 벤과 다른 신경외과 의사들이 물러나고 성형외과 의사들이 두개골을 봉합하고 두피를 덮어 씌웠습니다.

수술을 시작한 지 22시간 후, 의사들은 수술실에서 걸어나왔습니다. 의사들 중의 한 사람이 그 쌍둥이의 어머니에게 가서 얼굴에 미소를 지으며, "어느 아이부터 먼저 보고 싶으세요?" 라고 물었습니다.

벤은 수술이 단지 첫걸음에 지나지 않는다는 사실을 알았

 벤카슨

습니다. 그것도 큰 걸음이기는 했지만, 그 쌍둥이는 회복이
라는 먼길을 가야만 했습니다. 그래서 벤은 기도했습니다.

'오, 하나님. 두 아이들을 살려 주소서. 그들이 해낼 수 있게
도와주소서!'

패트릭과 벤자민 바인더는 10일 동안 혼수 상태에 빠져 있
었습니다. 그 동안에 그들의 부모와 의사들은 단지 희망을
가지고 기다리며 기도할 뿐이었습니다. 그 아이들이 깨어날
수 있을까? 그 아이들이 정상적인 삶을 살 수 있을까? 벤은
자기 자신에게 말했습니다.

'모든 것은 하나님의 손에 달려 있다. 항상 그래 왔다.'

둘째 주 중 어느 날, 벤은 그 쌍둥이들을 검진하기 위해 들
렀습니다. 그때 "아기들이 움직인다! 봐! 왼발을 움직였어.
보이지?" 라고 말했습니다.

그날 늦게, 두 아기들은 눈을 뜨고 주위를 둘러보았습니
다. 어떤 사람이 "아기가 본다! 둘 다 볼 수 있어. 아기가 나
를 쳐다봐!" 라고 소리쳤습니다.

"감사합니다! 감사합니다!"

벤은 몇 번이고 하나님께 감사했습니다.

몇 달 후에 테레사와 프란츠 바인더는 그들의 사랑하는 아
기들을 데리고 독일로 돌아갔습니다. 그 사실이 널리 알려지

자 벤 카슨은 큰 명성을 얻게 되었습니다.

　벤은 온 나라와 전세계의 의사들로부터 환자들을 부탁 받기 시작했습니다. 벤은 또한 강사로도 초청을 받아, 젊은이나 노인 할 것 없이 모든 부류의 청중들에게 자신의 이야기를 해 주었습니다.

 벤카슨

마콰에바 쌍둥이 - 왜?

벤은 바인더 쌍둥이 수술이 일생에 한번 있는 사례라고 생각했습니다. 그러나 그것은 잘못된 생각이었습니다. 바인더 쌍둥이를 수술한 지 7년 후, 두개골이 붙은 샴 쌍둥이를 수술할 수 있는 두 번째 기회를 얻게 되었습니다.

1994년 1월에 그는 한 통의 전화를 받았습니다.

"내 이름은 사무엘 목고콩 박사입니다. 나는 메둔사라고 불리는 남아프리카 의과 대학교의 신경외과 교수입니다."

"내가 어떻게 도울 수 있을까요?" 라고 벤이 물었습니다.

목고콩(Mokgokong) 박사는 자기가 남아프리카 샴 쌍둥이를 돌보고 있는데, 바인더 쌍둥이와 비슷한 경우라고 말했습니다. 그는 자기 환자인 그 어린 여자 아기들을 분리하는데, 벤의 도움을 얻기를 원했습니다.

약 1달 후, 목고콩 박사는 미국으로 와서 필요한 모든 기록을 벤에게 전달해 주었습니다. 그 샴 쌍둥이의 이름은 느다비셍과 말라체 마콰에바였습니다. 비록 그들이 바인더 쌍둥이보다 작았을지라도, 거의 같은 정도로 뒷머리가 붙어있었습니다. 벤은 그들을 구할 수 있을 것이라고 믿었습니다.

그러나 목고콩 박사가 벤에게 메둔사(MEDUNSA)로 가서 수술팀을 이끌 수 있는지 물었을 때, 벤은 환경이 다르다는 사실을 알았습니다. 바인더 쌍둥이를 수술할 때에는 수개월 간 조심스럽게 계획을 세웠습니다. 수술팀은 존스 홉킨즈병원 최고의 의사들, 벤과 함께 오랫동안 같이 일했던 의사들로 구성되어졌습니다. 메둔사에서는 그가 알지 못하는 의사들과 함께 수술을 해야 할 것입니다.

또다른 문제도 있었습니다. 존스 홉킨즈병원은 미국뿐만 아니라 세계에서 가장 훌륭한 의료 시설을 갖추었습니다. 남아프리카 메둔사 병원이 그런 수술을 하는데 필요한 시설을 갖추었을까? 필요한 수술 장비는 있을까? 아프리카 대륙에서 그런 수술을 시도한 적은 결코 없었습니다.

벤이 그의 결정에 대해 기도했을 때, 그는 바인더 쌍둥이

 벤카슨

를 기억했습니다. 그 수술 덕분에 그는 의사로서 큰 명성을 얻게 되었습니다. 또 그것은 전세계 의료계의 무은 연이 수 었습니다. 그리고 벤에게 꿈에도 생각지 못했던 기회들을 가져나수었고, 강사로 초빙을 받았습니다. 그전 같았으면 결코 그런 일은 없었을 것입니다.

바인더 쌍둥이 때문에 생긴 모든 일에 대해 생각했을 때, '하나님께서 남아프리카와 같은 나라를 변화시키기 위해 샴 쌍둥이를 사용하시기를 원하시는가?' 라는 생각이 들었습니다.

벤은 목고콩 박사에게 수술에 필요한 장비들의 목록을 보내고 50명 내지 60명의 의사들과 간호사들 그리고 기술자들이 필요하다고 말했습니다.

벤이 남아프리카에 도착했을 때, 목고콩 박사는 나쁜 소식을 가지고 마중을 나왔습니다. 그 쌍둥이가 아프다는 것이었습니다. 너무 아파서 수술을 할 수 없을 정도라고 말했습니다. 벤이 마콰에바 쌍둥이들을 검진해 보았을 때, 벤도 동의했습니다. 그 쌍둥이가 기운을 회복하는데, 2달쯤 걸릴 것 같았습니다.

그러나 벤은 수술팀을 만나서 직접 얼굴을 맞대고 전략을 논의할 수 있는 기회를 가질 수가 있었습니다. 벤은 또한 메둔사병원의 시설을 직접 둘러 볼 수도 있었습니다. 미국 병원과는 매우 달랐습니다.

환자들은 커다란 일반 병동에 수용되어져 있었는데, 각 병동에는 20개 내지 30개의 침대가 있었습니다. 그리고 창문이 열려 있었기 때문에 바깥 공기가 들어왔습니다. 먼지, 낙엽, 꽃가루 그리고 가끔 파리나 곤충들도 들어왔습니다.

벤은 병원을 돌아다니면서 의사들과 간호사들이 환자들을 돌보는 모습도 보았습니다. 그들이 환자들을 잘 돌보는 것을 보고 깊은 인상을 받았습니다.

벤은 자신감을 가지고, 계획보다 일찍 미국으로 돌아왔습니다. 수술은 6월에 하기로 재조정되었습니다.

벤이 남아프리카로 가려고 기다리는 동안 그는 또다른 상을 받았습니다. 「에센스」(Essence) 잡지는 매년 세계에 크게 공헌한 흑인 여성들에게 에센스 상을 주었습니다. 1994년에는 처음으로 흑인 남성들도 그 유명한 에센스 상을 받게 되었습니다. 벤도 수상자로 선정되었습니다.

벤과 캔디는 뉴욕으로 가서 상을 받았습니다. 주위를 둘러보니 많은 명사들이 있었고 제시 잭슨 목사, 영화감독 스파이크 리, 영화배우 덴젤 워싱턴, 코미디언 에드 머피 등도 있었습니다. 그들 모두 상을 받았습니다. 벤은 만약에 자신이 1987년에 바인더 쌍둥이의 분리 수술에 참여하지 않았더라면

 벤 카슨

아마 그 자리에 앉아 있지 못했을 것이라고 생각했습니다.

6월이 되어 벤이 남아프리카로 갔을 때, 그는 어려운 결정에 부딪히게 되었습니다. 불행하게도 마콰에바 샴 쌍둥이는 4월보다 더 아팠습니다. 심장이 약해져 수술만이 유일한 희망이었습니다. 만약에 빠른 시일 내에 분리하지 않는다면 그들은 분명히 죽을 것입니다.

벤은 수술팀 전체를 불러 모아놓고 수술 절차에 대해 알려주었습니다. 모든 사람이 그 샴 쌍둥이의 상태가 좋지 않다는 사실을 알았습니다. 더욱 긴장하게 만든 것은 TV 기자들이 그 수술 과정 전체를 촬영하기 위해 도착했다는 사실이었습니다.

바인더 쌍둥이를 수술할 때와 마찬가지로 신경외과 의사들, 심장병 전문 의사들, 성형외과 의사들 그리고 간호사들과 기술자들이 필요했습니다. 수술실에 새로운 환기 장치, 많은 새로운 수술 도구들, 마취 전문 의사들과 심장병 전문 의사들을 위한 모니터를 설치했습니다.

분리 수술이 끝난 순간에 양쪽으로 분리시킬 수 있는 수술대도 마련했습니다. 분리 수술이 끝나면 2개의 다른 팀이 각각 분리된 쌍둥이를 재빨리 둘러싸고 두개골과 두피를 봉합할 것입니다. 벤은 바인더 쌍둥이를 수술하는 동안에 발생한 어

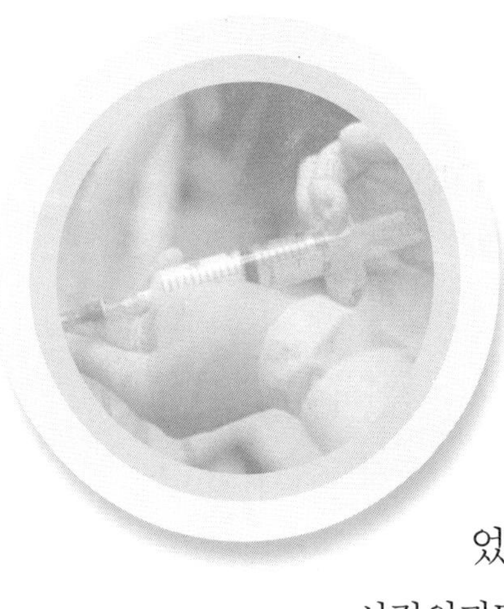

려운 상황을 기억하고 많은 혈액을 비축해 두었습니다.

수술은 성형외과 의사들이 수개월 전에 삽입해 놓은 두피 확장기를 조심스럽게 제거함으로써 시작되었습니다. 그들이 그 일을 끝마쳤을 때, 신경외과팀이 수술하기 시작했습니다.

벤이 두개골을 잘랐을 때, 뼈에 엄청나게 많은 피가 고여 있었습니다. 그래서 그는 혈액의 손실을 막기 위해 많은 시간을 소비했습니다. 두개골의 결합된 부분을 잘라낸 후, 뇌를 싸고 있는 가죽 같은 질긴 막이 복잡하게 연결되어 있는 것을 볼 수 있었습니다. 그래서 그것을 조심스럽게 잘라서 분리시켰습니다.

의사들은 커다란 혈액이 많이 차 있는 부분을 발견했으며, 많은 혈관들이 두 개의 뇌를 서로 연결시키고 있는 것도 발견했습니다. 12시간 이상 수술을 한 후, 의사들은 그 쌍둥이를 인공 심폐기에 연결하여 피를 천천히 고갈시키고 차게 만들어서 그 쌍둥이의 육체적 기능을 거의 정지시켰습니다. 심장이 멈추고, 혈액이 흐름을 멈추었습니다. 이전과 마찬가지로 의사들은 심장이 멈춘 지 1시간 내에 수술을 끝내야 뇌의 손상을 막을 수 있었습니다.

1시간 내에 의사들은 뒤섞인 모든 혈관을 분리해야만 했습니다. 의사들은 시간이 끝나기 전에 재빨리 연결된 부분을 찾아내고 조심스럽게 혈관들을 분리해야만 했습니다. 그러나 의사들이 피를 다시 공급하자마자 그 쌍둥이 중에서 작은 아기가 죽었습니다. 그 연약한 심장이 다시 뛰지 않았습니다. 그래서 전혀 피를 공급해 줄 수 없었습니다. 수술은 15시간 동안 지속되었습니다.

이제 모든 의사가 다른 아기에게 집중했습니다. 몇 시간 후에 그들이 수술을 끝냈을 때, 아기는 꽤 좋은 상태였습니다. 회복실에서 약간 움직이기도 했습니다. 벤이 한 아기의 죽음에 대해 슬퍼하고 있을 때, 모든 사람은 두 번째 아기가 살아남에 기뻐했습니다.

수술 후 몇 시간이 지나자 두 번째 아기도 발작을 일으키기 시작했습니다. 그 아기의 상태가 급격히 나빠졌습니다. 2일 후에 그 아기도 죽었습니다.

의사들이 그 아기의 몸을 조사해 보니 신장이 제 기능을 하지 못하고 있었습니다. 의사들은 그 아기들이 완전히 공생 관계에 있었음을 알게 되었습니다. 그들은 서로 생명을 의존하고 있었습니다. 작은 아기는 큰 아기의 심장에 의존하고 있었고 큰 아기는 작은 아기의 신장을 필요로 하고 있었습니다. 그들이 그대로 붙어 있었다고 해도 심장과 신장이 망가질 것이며, 그 쌍둥이는 어쨌든 죽게 되어 있었습니다.

그러나 그러한 사실도 가족들이나 의사들에게 위로가 되지 못했습니다.

벤은 미국으로 떠나기 전날 아침, "굿 모닝, 남아프리카"라는 TV 뉴스 쇼에서 인터뷰를 했습니다. 벤은 그 일에 대해 설명했습니다. 그리고 세계의 어떤 병원도 그 쌍둥이의 생명을 구할 수 없었을 것이라는 점을 알려주었습니다. 그러나 벤은 낙심했습니다. 그는 그 쌍둥이를 위해 소망을 가지고 기도했으며, 하나님께서 기적을 일으켜 주실 것이라고 믿었습니다. 그러나 그 아기들은 죽었습니다.

비행기가 남아프리카 땅을 이륙했을 때, 벤은 다음과 같이 기도했습니다.

"하나님, 왜 성공할 가능성도 없는 일에 저를 참여시키셨습니까? 왜 아무런 소용도 없는 일에 귀중한 시간과 에너지를 낭비하게 하셨습니까? 왜 실패할 수밖에 없는 일을 하게 하셨습니까? 그 이유가 무엇입니까?"

그래봐야 아무런 소용도 없었습니다.

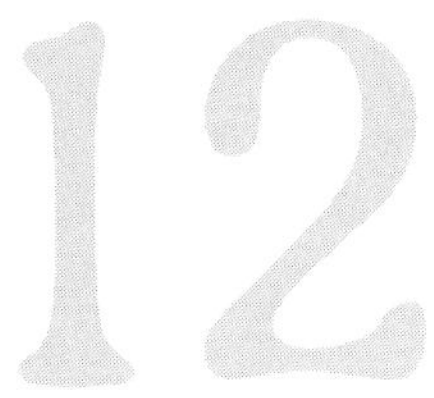

잠비아에서 온 또다른 쌍둥이

그 다음 2년 반 동안 벤은 계속해서 그 이유에 대해 궁금했습니다.

1996년 12월, 목고콩 박사가 다시 연락을 해왔습니다. 메둔사 남아프리카 의과 대학이 벤에게 명예 박사 학위를 수여하기를 원했습니다. 벤과 캔디는 다음해 6월에 남아프리카로 갈 계획을 세웠습니다.

그 해 봄, 목고콩 박사가 다시 전화를 했습니다. 최근에 잠비아에서 또다른 샴 쌍둥이가 태어났다는 것이었습니다. 그 곳의 의사들이 목고콩 박사를 만나 조셉(Joseph)과 루카 반다(Luka Banda)를 분리시킬 가능성이 있는지 물었습니다.

목고콩 박사는 잠비아로 가서 직접 그 쌍둥이들을 살펴보았습니다. 그리고 성공적으로 분리할 가능성이 크다고 생각했습니다.

그래서 목고콩 박사는 벤에게 말했습니다.

"잠비아 정부는 당신이 아프리카에 올 때에 그들의 나라도 방문해서 그 쌍둥이를 살펴보고 수술할 가능성이 있는지 말해 주기를 원합니다."

그래서 벤과 캔디는 남아프리카를 방문한 후에 잠비아로 가기로 했습니다. 그리고 벤은 생각했습니다.

'이것은 놀라운 일이다. 또다른 샴 쌍둥이라니! 바인더 쌍둥이를 수술한 지 10년도 되지 않았는데!'

목고콩 박사는 벤과 캔디를 데리고 병원을 둘러본 다음 그들에게 같이 수술했던 의사들과 새 의사들을 소개해 주었습니다. 벤은 지난번 방문한 이후로 많은 것들이 변했다고 생각했습니다.

목고콩 박사는 비록 실패하기는 했지만 지난번에 샴 쌍둥이를 수술하기 위해 병원측이 마련한 장비로 많은 생명들을 살릴 수 있었다고 자랑스럽게 말했습니다. 그때 벤은 다시 한 번 더 하나님께서는 슬픈 체험도 선을 위해 사용하신다는 사실을 깨달았습니다.

 벤 카슨

　　벤은 이미 다른 대학교에서 18개의 명예 박사 학위를 받았습니다. 그러나 그는 메둔사의 남아프리카 의과 대학이 그에게 준 명예 박사 학위를 특별히 자랑스럽게 생각했습니다.

　　벤과 캔디는 아프리카 여행을 계획할 때부터 두 번째 하이라이트에 대해 큰 기대를 가졌습니다. 그들은 메둔사 북쪽으로 하루 동안 차를 타고 갈만한 거리에 있는 크루거 국립공원으로 사파리(Safari; 원정 여행)를 떠났습니다.

　　사파리를 떠나기 전날 밤, 벤은 기도했습니다. 그는 하나님께 자신들이 겨우 하루 동안만 그 공원을 방문할 수밖에 없다는 사실을 상기시켜 드렸습니다.

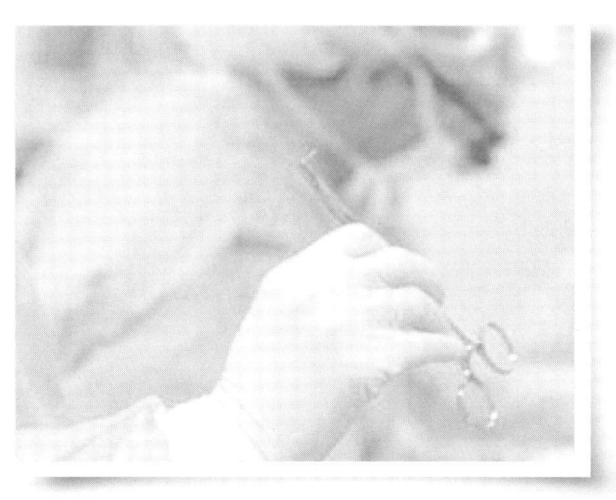

벤은 자신들이 그 곳에 머무는 짧은 시간 동안 될 수 있는 한 많은 야생 동물들을 구경할 수 있게 해 주신다면 감사하겠다고 기도했습니다. 벤은 그 기도가 그토록 정확하게 응답되어질 줄은 꿈에도 생각하지 못했습니다.

사파리를 하는 동안 그들은 원하던 모든 동물을 보았습니다. 사자, 코끼리, 기린, 얼룩말 등이었습니다. 그들은 그린 맘바(남아프리카산 코브라과의 큰 독사)와 블랙 맘바와 같은 희귀한 동물들도 보았습니다.

안내원은 하루에 그토록 많은 동물들을 본 적이 결코 없었다고 말했습니다. 그는 수년 간 그 공원에서 일했지만 자기도 몇 번 밖에 본 적이 없는 동물들도 보았다고 말했습니다.

안내원은 수많은 개코원숭이 무리들 사이에 4륜 구동차를 세웠습니다. 매혹적이지만 시끄럽고 난폭한 개코원숭이들을 바라보았을 때, 벤은 개코원숭이에 대한 TV 프로그램을 본 것이 기억났습니다. 성숙한 개코원숭이의 턱은 인간의 두개골을 물어뜯을 만큼 강력했습니다. 그러나 벤은 인간의 두개골이 얼마나 강한지를 알고 있었습니다.

벤은 운전사에게 그 자리에 서 있어도 괜찮은지 물어 보았습니다. 안내원은 미소를 지으며 그 야생 동물들은 결코 인간을 해치지 않는다고 자신있게 말했습니다.

 벤카슨

그러나 갑자기 개코원숭이들이 자동차에 기어오르기 시작했습니다. 좀더 대담한 놈들은 4륜 구동차 지붕에 올라가 안으로 들어오려고 했습니다.

다행히도 목고콩 박사가 몇 조각의 샌드위치를 던져 주었고, 개코원숭이들이 샌드위치를 주우려 4륜 구동차에서 떠나자 안내원은 급히 자동차를 몰아 도망쳤습니다.

벤과 캔디가 잠비아에 도착하자, 그 나라의 유일한 신경외과 의사인 램바트(T. K. Lambart) 박사가 공항까지 마중을 나왔습니다. 그리고 조셉과 루카 반다를 보여 주기 위해 어린이 병원으로 그들을 안내했습니다.

바인더 쌍둥이와 마찬가지로 조셉과 루카도 건강해 보였습니다. 그것은 좋은 징조였습니다. 의사들은 그 아기들의 심장, 폐, 위, 간, 신장 등이 제 기능을 하고 있는지 검사했습니다. 남아프리카 여자 샴 쌍둥이와는 달리 그 아기들의 주요 기관들은 정상적으로 그리고 독립적으로 제 기능을 하고 있는 것 같았습니다.

조셉과 루카는 잘 먹고, 또 스케줄에 따라 잘 성장하고 있었습니다. 그들은 울기도 하고 미소도 지으며 물건을 집으려 손을 내밀기도 했습니다. 그들은 발로 차기도 하고 힘차게 움직였습니다. 그들은 같은 방향으로 그리고 동시에 뒤집을

수 있었습니다.

그러나 샴 쌍둥이는 단 한가지 문제점을 지니고 있었습니다. 그들은 머리 꼭대기가 붙어 있었습니다.

벤은 그들의 머리가 어떤 식으로 붙어 있는지 살펴보고, '그들의 뇌가 얼마나 단단하게 붙어있을까? 그들의 뇌가 얼마나 복잡하게 연결되어 있을까?' 라고 생각했습니다.

벤은 쌍둥이의 머리를 조심스럽게 검진하고, 두개골이 어느 정도 결합되어 있는지 살펴보았습니다.

벤은 의사들이 뇌 안에서 어떤 문제를 발견하게 될 지 가늠해 보았습니다. 그 쌍둥이를 이쪽저쪽으로 돌리면서 벤은 수술하기 전에 그 문제를 해결할 수 있는 방법을 생각해 보았습니다.

몇 개월 전에 존스 홉킨즈병원 방사선과 연구원들이 벤을 그들의 연구실로 초대해서 매혹적인 기계를 보여 주었습니다. 그들은 싱가포르 의과 대학 연구원들과 협력하여 3차원적 시각 이미지 시스템을 개발했습니다. 그들은 의사들이 컴퓨터로 가상 수술을 할 때, 그 기계를 사용하기를 원했습니다.

연구원들이 그 기계를 보여준 후, 벤의 생각을 물었습니다. 벤은 그들에게 좀더 생각해 보겠다고 말했습니다. 이제

 벤 카슨

몇 개월 후에 다른 대륙의 병원에서 벤은 그 기계를 사용할 수 있는 방법을 생각해 보았습니다.

그 다음 몇 개월 동안, 램바트 박사와 목고콩 박사는 필요한 모든 자료를 모았습니다. 즉 CAT 스캔, 혈관 촬영도, MRI 등을 모았습니다. 연구원들은 그 정보를 컴퓨터에 입력했습니다.

벤은 볼티모어시에 있는 존스 홉킨즈병원에서 특별한 3차원(3-D) 안경을 끼고 잠비아에 있는 쌍둥이 분리 수술을 미리해 볼 수 있었습니다. 이 새로운 기술 덕분에 벤은 다른 대륙의 병원에 누워 있는 샴 쌍둥이의 머리 내부를 들여다볼 수 있었습니다.

그는 수술실에서 실제적으로 두피를 자르고 수술을 하기 전에 그 쌍둥이의 뇌를 들여다보고 연구할 수 있었으며, 또한 미리 위험한 부분을 찾아낼 수 있었습니다.

바인더 쌍둥이나 마콰에바 쌍둥이의 경우와 같이 가장 어려운 부분은 서로 연결된 혈관을 찾아내는 것이었습니다. 벤은 천천히 그리고 주의 깊게 작은 혈관들을 분리했습니다. 미리 혈관들을 보고 연구한 것은 크게 도움이 되었습니다.

1997년 12월에 벤은 남아프리카로 가는 비행기를 탔을 때,

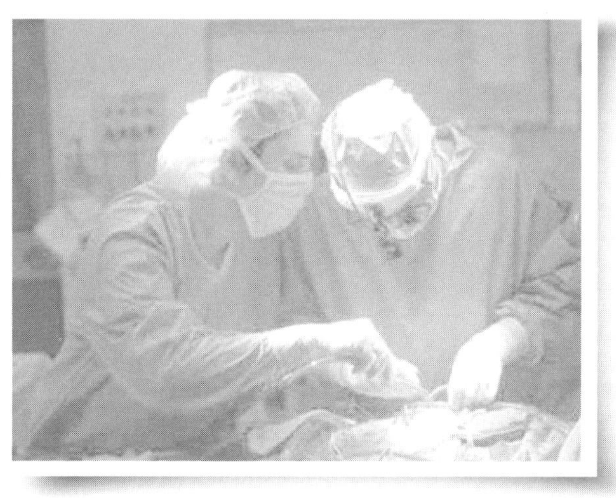

자신감이 넘쳤습니다. 그는 6개월 동안 그 수술을 위해 계획을 세웠습니다. 그리고 반다 샴 쌍둥이는 더욱 건강해져서 메둔사에 와 있었습니다.

비행기에서 벤은 다시 한번 더 자료들을 살펴보았습니다. 그는 머리를 뒤로 젖힌 채 기도를 했습니다. 그는 자기가 할 수 있는 모든 일을 다 했습니다.

벤은 일요일 오후 늦게 남아프리카에 도착했습니다. 목고콩 박사가 마중을 나와 곧 바로 벤을 병원으로 데리고 갔습니다. 그 곳에서 그들은 환자를 점검하고 그 아기들의 어머니와 대화를 나누었습니다.

그 다음날인 12월 29일, 벤은 수술팀을 만나 인사를 나누

 벤카슨

었습니다. 그들 중 몇몇은 1994년 마콰에바 쌍둥이를 수술할 때에 함께 참여한 사람들이었습니다. 의사들과 간호사들은 반다 샴 쌍둥이 수술을 위해 함께 검토했습니다.

그날 밤, 벤은 오랜 시간 동안 묵상하고 기도했습니다. 그는 그날의 은총들로 인해 하나님께 감사하고, 힘과 지혜를 달라고 간구 했습니다.

그는 루카와 조셉의 어머니에게 다음과 같이 말했습니다.

"오늘밤에 기도하십시오. 그리고 당신의 가족들과 당신이 아는 모든 사람에게 기도해 달라고 말하십시오. 저도 기도 하겠습니다. 그리고 내일 일에 대해 크게 걱정할 필요는 없습니다."

그날 밤 몇 시간 동안, 벤은 그 쌍둥이를 위해 기도했습니다. 그리고 나서 그는 마지막으로 혈관 촬영도(방사선 물질을 주입한 후에 혈관을 촬영한 것)를 살펴보았습니다. 반다 샴 쌍둥이는 비정상적으로 큰 공동(Sinus; 움푹한 곳)을 공유하고 있었습니다.

수술팀은 그 공동을 쌍둥이 중 1명에게 몰아넣을 계획을 하고 있었습니다. 그러나 기도하고 난 후에 벤은 그것을 중간에서 분리하여 각각 반쪽씩 주기로 결정했습니다. 그 방법은 뇌를 보다 많이 부풀게 하고 피를 흘리게 해서 죽음에 이르게 할지도 모르는 것이었습니다.

바인더 쌍둥이를 수술할 때, 많은 피가 필요했습니다. 그리고 마콰에바 쌍둥이를 수술할 때에는 더 많은 피가 필요했습니다. 만약에 그가 공동을 분리한다면 더욱 많은 피를 흘리게 되고, 따라서 더 많은 피가 필요할 것입니다.

그러나 벤은 그 공동을 중간에서 분리하기로 결심했습니다. 그러나 그는 '내가 검증되지 아니한 이 새로운 방법을 사용했을 때 어떤 일이 생길까?'라는 생각도 했습니다.

13

불가능한 수술

그 다음날, 벤과 목고콩 박사는 새벽 일찍 수술실에 도착했습니다. 나머지 수술팀은 이미 와 있었습니다. 그들은 수술에 들어가기 전 벽에 "하나님께서 조셉과 루카를 사랑하신다!" 라고 쓰여진 커다란 현수막을 걸어 놓고 기도회를 가졌습니다.

기도회가 끝나자 모든 사람이 바빠졌습니다. 샴 쌍둥이를 제자리에 눕히고 마취를 시켰습니다. 그리고 나서 성형외과 의사들이 오랜 시간 동안 그 쌍둥이를 이리저리 굴리면서 시술했습니다.

수술은 오전 6시 30분에 시작되었습니다. 어떤 사람이 벤

이 요청한 대로 스테레오 전축을 틀어 클래식 음악이 흘러나
오게 했습니다. 그리고 모두들 조용히 움직였습니다.

성형외과 의사들이 머리의 두피 확장기를 제거했습니다. 그
리고 4명의 신경외과 의사들이 수술대 주위에 둘러섰습니다.
벤은 잠비아 신경외과 의사며 그 쌍둥이의 주치의였던 램바
트 박사에게 맨 먼저 구멍을 뚫고 싶은지 물어보았습니다.

그리고 나서 벤은 특별한 형태의 가위를 사용하여 뼈를 자
르기 시작했습니다. 그는 천천히 진행시켰습니다. 다른 사람
들은 깨끗한 밀랍으로 주의 깊게 처치하여 피가 흘러나오지
않게 했습니다.

벤은 미리해 본 3-D 가상 수술 덕분에 그 쌍둥이가 어떻게
붙어 있는지 이미 알고 있었습니다. 그는 가위를 사용하여
뇌를 덮고 있는 막을 잘랐습니다. 그 부분을 수술하는데 몇
시간이 걸렸습니다. 벤은 순서에 따라 많은 혈관들을 주의
깊게 자르면서도 피가 나지 않게 처치를 했습니다.

혈관을 자를 때마다 의사들은 뇌를 주의 깊게 살피면서 부
풀어오르는 부분이 없는지 살폈습니다. 수술을 하는 도중에
의사들은 마치 뒤엉킨 스파게티 사리처럼 보이는 혈관 덩어
리를 만나게 되었습니다. 그들은 그 부분은 나중에 시술 하
기로 결정했습니다.

 벤카슨

　　신경외과 의사들은 피부를 봉합했습니다. 그리고 나서 성형외과 의사들이 그 쌍둥이를 뒤집어 의사들이 반대편에서도 같은 절차로 수술을 할 수 있도록 준비했습니다.

　　그 일을 하는 동안 신경외과 의사들은 근처 식당에서 식사를 했습니다. 그들은 식사를 하는 동안에도 모니터를 통해 수술실에서 벌어지고 있는 광경을 지켜보았습니다. 그들은 지금까지 한 일과 또 다음에 해야 할 일에 대해 토론했습니다. 목고콩 박사는 벤에게 "당신은 혈관 수술을 정말로 꼼꼼하게 하시네요!" 라고 말했습니다. 벤은 그와 같이 주의를 집중하는 것이 중요하다는 사실을 알았습니다. 놀랍게도 지금까지는 그리 많은 피를 흘리지 않았습니다.

　　의사들은 오후 시간과 저녁 시간 내내 그 쌍둥이의 다른 편에서 이미 했던 것과 같은 수술을 반복했습니다. 이편에서 나타난 큰 차이점은 벤이 전날 밤에 기도했던 비정상적인 공동이었습니다. 그러나 벤은 이미 결심한 대로 특이한 방법을 사용했습니다. 그는 클립을 사용하여 공동을 죄었습니다. 그것은 피를 멈추게 하는데 도움이 되었습니다. 그리고 그는 그 공동을 중간에서 잘랐습니다.

　　그 다음 몇 시간 동안, 약간의 피만 흘러나왔습니다. 그 부분의 수술은 예상보다 훨씬 더 잘 되었습니다.

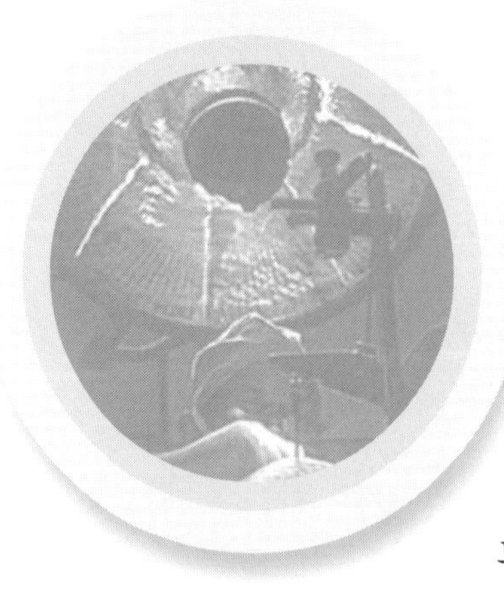

마지막으로, 벤은 스파게티처럼 보이는 두 번째 부분을 수술할 준비를 했습니다. 서로 뒤엉킨 작은 혈관 덩어리들을 분리하는데 몇 시간이 더 걸렸으나 그 일을 끝냈을 때, 두 번째 편이 완성되었습니다.

이제 첫 번째 편으로 돌아가 스파게티처럼 뒤엉킨 혈관 덩어리를 분리해야 할 시간이 되었습니다. 그러나 문제가 생겼습니다. 이제 의사들은 완전히 지쳤습니다.

벤은 기진맥진하여 낙심했습니다. 그는 19시간 동안 수술을 했습니다. 존스 홉킨즈병원 수술실에서는 작은 혈관들을 살펴보기 위해 35만달러 짜리 현미경을 사용했습니다. 그러나 메둔사에는 확대경과 헤드라이트뿐이었습니다.

벤은 휴식이 필요했습니다. 벤이 다음 단계에서는 다른 각도에서 수술을 할 수 있도록 성형외과 의사들이 쌍둥이를 돌리는 동안 벤은 회의실 의자에 주저앉았습니다. 그는 수술실에 있을 필요가 없는 의료진들을 불러모았습니다. 그들은 토론을 하고 생각을 나누었습니다. 모두가 좌절한 것 같았습니다.

벤은 "이 시점에서 수술 중단을 고려해 봐야할 것 같습니다."라고 말했습니다. 그는 상처를 싸매 놓고 그 쌍둥이와 의료진들에게 기운을 회복하고 필요한 힘을 다시 얻을 수 있는 기회를 주어야겠다고 생각했습니다.

"여러분은 어떻게 생각하십니까?"라고 벤이 물었습니다.

그러나 모든 사람이 한결같이 중단해서는 안 된다고 말했습니다. 그들은 벤에게 부분적으로만 분리시킨 채 내버려둔다면 그 쌍둥이를 살릴 수 없을 것이라 생각한다고 말했습니다. 그들은 계속해야만 했습니다. 그렇지 않으면 그 쌍둥이는 죽을 것입니다.

그들이 수술실로 걸어갔을 때, 벤은 간절히 기도했습니다.

"하나님, 나를 사용하셔서 오직 주님만이 하실 수 있는 일을 완수하게 하소서!"

벤은 전날 밤에 읽은 성경 구절을 기억했습니다. 요한복음 14장 12-13절에서 예수님을 따르는 자들에게 다음과 같이 약속하셨습니다.

"내가 진실로 진실로 너희에게 이르노니 나를 믿는 자는 나의 하는 일을 저도 할 것이요 또한 이보다 큰 것도 하리니 이는 내가 아버지께로 감이니라 너희가 내 이름으로 무엇을 구하든지 내가 시행하리니 이는 아버지로 하여금 아들을 인하여 영광을 얻으시게 하려 함이라"

벤은 수술대 위에 누워있는 쌍둥이를 내려다보며 하나님께서 직접 수술해 주시기를 예수님의 이름으로 기도했습니다. 그가 커다란 혈관 덩어리를 수술할 때에도 계속해서 기도했습니다.

이제 벤의 손은 침착해졌습니다. 그는 마음이 고요해졌음을 느꼈습니다. 마치 자기는 손만 쳐다보고 있는데 다른 어떤 사람이 수술을 하는 것 같았습니다.

하나 하나씩 100개도 넘는 혈관들을 분류하고 절단하고 재결합시켰습니다. 벤이 조셉과 루카를 연결하고 있던 마지막 혈관을 분리했을 때, 스테레오에서는 헨델의 메시야에 들어 있는 "할렐루야 합창"이 흘러나오기 시작했습니다. 수술실에 있던 모든 사람은 뭔가 놀라운 일이 일어났음을 알았습니다.

25시간 동안의 수술이 끝났습니다. 그러나 긴장감을 늦출 시간이 없었습니다. 이제 수술대를 재빨리 분리하고, 의사들이 즉시 2팀으로 나누어 각각 한 아기씩 맡았습니다.

그들은 해야할 일이 많았습니다. 모든 신경외과 의사들은 피곤함에도 불구하고 매우 기뻐했습니다. 뇌도 심각하게 부풀어오르지 않았고, 놀랍게도 출혈도 거의 없었습니다. 수술 전 과정에 단지 4개 단위(생체에 일정한 효과를 주는 데 필요한 약물·혈청 등의 양)의 혈액만 사용했습니다.

 벤카슨

더욱 힘이 나는 것은 혈관도 부풀어오르지 않았다는 사실이었습니다. 그것은 뇌에서 혈액 순환이 성공적으로 회복되어졌으며, 새로운 통로가 형성되었다는 것을 의미했습니다. 모든 정황으로 미루어 볼 때, 조셉과 루카는 살아남았을 뿐만 아니라 완전히 깨어나 정상적인 삶을 살 수 있을 것 같았습니다.

모든 의사는 자기의 할 일을 끝마쳤을 때, 매우 흥분했습니다. 모든 일이 끝났을 때, 신경외과 의사들은 다시 한번 더 회의실로 갔고, 성형외과 의사들이 두피를 봉합하는 동안 의자에 앉아 잠을 잤습니다.

성형외과 의사들이 할 일을 끝마쳤을 때, 벤은 수술실로 돌아왔습니다. 그가 그 쌍둥이를 바라보았을 때, 한 아기가 두 눈을 뜨고 목구멍에 꽂힌 튜브를 빼내려 했습니다. 그 아기들을 중환자실로 데리고 갔을 때, 다른 아기도 같은 행동을 하고 있었습니다. 28시간 동안 수술을 한 후에 그런 행동을 하다니 놀라운 일이었습니다.

정부에서 병원으로 축하 전화를 해왔습니다. 수술팀 전체가 기자 회견을 하기 위해 캠퍼스로 나갔습니다. 마당은 노래하고 춤추며 기뻐하는 학생들과 병원 관계자들로 꽉 차 있었습니다. 모든 사람이 의사들과 악수를 나누고 등을 두드려

주었습니다.

기자 회견장은 TV와 라디오, 신문 기자들로 가득 차 있었는데, 그들은 그 전날 수술을 시작할 때부터 병원에서 소식을 전하고 있었습니다. 그들은 매시간 마다 새로운 소식을 전국에 방송했습니다. 반다 쌍둥이의 이야기는 남아프리카의 모든 사람의 마음을 사로잡았습니다. 온 나라가 그 놀라운 기적을 축하했습니다.

벤은 몇 분 동안 기자들의 질문에 대답했습니다. 병원은 공식 성명을 발표했고, 그 아기들의 어머니 - 이제는 매우 행복한 여인 - 도 나타났습니다.

잠비아 대사는 수술에 참여한 모든 사람에게 공식적인 감사의 말을 전했습니다. 그리고 잠비아 대통령과 영부인을 포함한 모든 잠비아 사람들이 기도했다고 말했습니다. 그는 벤과 다른 의사들을 그 다음날 잠비아 대사관에서 거행되는 감사 만찬에 초대했습니다.

그러나 벤은 그날 저녁 늦게 미국으로 떠나도록 일정이 잡혀 있었습니다. 잠비아 대사가 만찬을 거행할 때, 그는 이미 메릴랜드에 있는 집에 가 있을 것입니다. 벤은 그 만찬을 놓치고 싶지 않았지만 침대에서 푹 자고도 싶었습니다.

목고콩 박사가 그를 호텔에 데려다 주었을 때, 뭔가 잘못

 벤 카슨

된 것을 알았습니다. 호텔은 어두컴컴했으며 안에는 아무도 없었습니다. 그는 프론트 데스크에서 벨을 누르고 기다렸습니다. 하지만 아무런 인기척도 없었습니다. 그런데 갑자기 앞문에서 여자 경찰관이 나타났습니다. 그녀가 벤을 발견했을 때, 깜짝 놀랐습니다.

"어떻게 들어오셨죠?"

그녀는 그가 그 곳에 있는 이유를 알고 싶어했습니다.

"앞문으로 들어왔습니다. 나는 여기의 투숙객입니다."라고 벤은 그녀에게 말했습니다.

그녀는 벤을 의심스러운 눈으로 쳐다보면서 "그것은 불가능한 일이에요. 휴일에는 호텔 문을 닫습니다."라고 말했습니다.

벤이 말했습니다.

"문을 닫는다고요? 몰랐습니다. 나는 어제 아침 일찍 호텔을 떠나서 지난밤에 돌아오지 않았습니다. 나는 28시간 동안 수술을 해서 잠을 자야 합니다. 그리고 적어도 나의 방으로 가서 짐을 싸야만 나는 오늘밤에 비행기를 타고 이 나라를 떠나야 합니다."

여자 경찰관은 함박 웃음을 지으며 "당신이 샴 쌍둥이를 수술한 미국 의사군요?"라고 말했습니다. 벤이 고개를 끄덕이

자 그녀는 악수를 하고 재빨리 호텔 주인에게 전화를 했습니다. 그러자 주인이 달려와 호텔 문을 열고, 벤에게 열쇠를 주었습니다. 그리고 그가 공항으로 떠날 때까지 아무도 그를 방해하지 못하도록 직접 지키고 있겠다고 약속했습니다.

집으로 돌아온 지 몇 주 후, 벤은 반다 쌍둥이가 의사들을 놀라게 했다는 소식을 받았습니다. 그 아기들은 이미 기어다니기 시작했습니다. 그것은 수술하기 전에는 전혀 불가능한 행동이었습니다. 벤은 그 아기들이 정상적인 생활을 하기 시작했다는 사실을 알았습니다.

 벤 카슨

14

크게 생각하라

벤은 거의 매주 강연을 하기 위해 국내와 전세계로 여행을 떠납니다. 그는 매우 인기있는 강사이기 때문에 수개월 또는 수년 전에 미리 예약을 해야만 합니다. 그는 학교, 비즈니스 세미나, 교회, 워싱턴에서 개최된 국가조찬기도회 등에서 강연을 했습니다. 워싱턴에서는 대통령과 국회의원들 앞에서 강연을 했습니다. 그러나 그는 특히 젊은이들 앞에서 강연하기를 좋아합니다.

학기 중에는 거의 매주 월요일 아침에 볼티모어 전역에서 존스 홉킨즈병원에 견학 온 700명 내지 800명의 학생들에게 강연을 합니다. 벤은 그들을 의과 대학 강당에서 만나 학생들에게 신경외과, 샴 쌍둥이 그리고 존스 홉킨즈병원에서 일어나는 다른 일들에 대한 슬라이드를 보여 줍니다.

그는 학생들에게 인간의 두뇌가 가지고 있는 놀라운 능력에 대해서도 말해 줍니다. 그리고 독서와 교육이 어떻게 자신의 인생을 변화시켰으며, 가난으로부터 벗어나게 해 주었고, 자신의 꿈을 실현시킬 수 있게 해 주었는지에 대한 이야기도 해 주었습니다.

그는 학생들에게 그들이 누구이며, 그들의 피부 색깔이 어떠하며, 그들이 어디 출신이며, 그들의 가족이 얼마나 많은 돈을 가지고 있는가는 아무런 문제가 되지 않는다고 말해 줍니다.

교육은 평등하게 만들어 줍니다. 예를 들자면, 의사가 되기 위해서 그에게는 단 한 가지가 필요했는데 그것은 교육이었습니다. 그의 가정이 가난하다는 것은 문제가 되지 않았습니다. 의사가 되려는 그의 꿈을 성취하는데 필요한 모든 것은 교육과 결심이었습니다.

벤은 젊은이들에게 강연할 때마다 자신을 초등학교에 다닐 때에는 "멍청이"라고 불렸지만, 세계에서 가장 큰 의료 기관들 중 하나인 존스 홉킨즈병원의 소아 신경외과 과장이 된 사람이라고 소개합니다. 그는 또한 자신이 교육과 하나님의

 벤 카슨

도우심만 있으면 모든 것이 가능하다는 사실에 대한 살아있는 증거라고 말합니다. 그리고 그는 청중들에게 "크게 생각하라"(THINK BIG)고 촉구합니다. 그것이 성공적인 삶을 위한 그의 철학이라고 말합니다.

벤 카슨은 그의 강연에서 요지를 전달하기 위해 THINK BIG이라는 글자를 사용합니다. 그리고 그는 청중들에게 다음과 같이 말합니다.

"T는 재능(Talent)을 뜻합니다. 하나님께서는 모든 사람에게 재능을 주셨습니다. 노래하고 춤추고 공을 던지는 능력만이 아닙니다. 농구에 재능을 가진 사람은 매우 적습니다. 100만 명의 농구 선수들 중에 오직 7명만이 NBA에서 뛸 수 있습니다. 그러나 우리 모두는 어떤 일을 잘할 수 있습니다. 우리는 그것에 대해 생각해야 하고, 스스로 다음과 같은 질문을 해야 합니다. '지금까지 나는 어떤 일을 잘 했는가? 나는 또 어떤 과목을 잘 했는가? 나는 어떤 일을 해서 다른 사람들의 칭찬을 받았는가? 다른 사람들은 하기 싫어하는데 나는 재미있게 할 수 있었던 일은 무엇인가?'

이것이 바로 여러분의 재능입니다. 내가 무슨 일을 할 것인지 고민했을 때, 나는 나 자신을 분석했습니다. 나는 스스로 물어보았습니다. 내가 진정으로 해야할 일은 무엇인가? 나는 무슨 일을 잘 하는가? 나는 그렇게 해서 신경외과 의사가 되겠다는 생각을 갖게 되었습니다."

"H는 정직(Honest)을 뜻합니다. 예일대학교에 다닐 때, 나의 학우들 중의 한 사람이 우등으로 졸업했습니다. 그것은 그가 매우 높은 점수를 받았다는 의미였습니다. 그러나 그는 정직하지 못했습니다. 그는 자주 법을 어겼고, 시험을 칠 때에도 컨닝을 했습니다. 우리는 무감독 시험을 쳤는데 교수님들은 시험지를 나누어 주고 강의실을 떠났습니다. 그리고 교수님들은 우리가 책을 보지 않을 것이라고 믿었습니다. 그러나 시험 때에 나는 그 친구가 책을 펼치는 것을 보았습니다. 그는 아마 이렇게 생각했을 것입니다. '교수님은 이 자리에서 나를 지켜보지 않으신다. 다른 학생들은 내가 컨닝하는 것을 볼 거지만 그러나 그것은 아무런 문제도 되지 않는다.' 그러나 정직은 중요한 것입니다. 그는 의과 대학에 들어가지 못했습니다."

"I는 통찰력(Insight)을 뜻합니다. 그것은 여러분이 원하는 것을 이미 이룬 사람들의 말을 들을 때에 찾아옵니다. 가장

 벤 카슨

지혜로운 사람이었던 솔로몬은 '다른 사람의 성공과 실수로부터 배울 수 있는 사람이 지혜롭다. 그렇지 못한 사람은 어리석다.'라고 말했습니다.

내가 어렸을 때, 어머니는 부잣집에서 일을 하셨습니다. 어머니는 일을 하실 때마다 많은 질문을 하셔서 그들이 무엇을 읽는지, 그들이 어떻게 시간을 보내는지, 그들이 어떤 활동을 하는지 알아내셨습니다. 예를 들자면 부자들은 TV를 보면서 많은 시간을 보내지 않는다는 사실을 알아내셨습니다. 그리고 그것으로부터 통찰력을 얻으셨습니다."

"N은 친절(Nice)을 뜻합니다. 다른 사람들에게 친절하십시오. 여러분이 다른 사람에게 친절하게 대하면 그들도 여러분에게 친절하게 대할 것입니다. 그럴 때에 여러분은 더 많은 일을 할 수 있을 것입니다.

만약에 여러분이 친절한 사람이 아니라면 1주일 동안 노력해 보십시오. 그것이 무슨 뜻입니까? 그것은 다른 사람에 대해 뒤에서 말하지 않는 것입니다. 어떤 사람들에게 있어서는 그것도 어려운 일일 것입니다. 만약에 어떤 사람이 힘든 일을 하고 있다면 도와주십시오. 다른 사람을 비평하기 전에 먼저 그 사람의 입장에 서 보십시오!

엘리베이터 문이 열렸는데 자리가 비좁다면 다른 사람에게 양보하십시오. 그러면 다른 사람들을 기쁘게 해 줄 수 있을 것입니다. 또 엘리베이터에 탔을 때 "안녕하세요!"라고 말한다면, 대부분의 사람들은 처음에는 멈칫해도 곧 행복한 마음으로 당신에게 말을 걸 것입니다. 그리고 친절은 좋은 전염성을 가지고 있다는 사실을 알게 될 것입니다."

"K는 지식(Knowledge)을 뜻합니다. 그것은 당신을 더욱 귀한 사람으로 만들어 줍니다. 그렇습니다. 저는 큰집을 가지고 있고 좋은 자동차도 몰고 있습니다. 그리고 저는 돈으로 살 수 있는 많은 것들을 가지고 있습니다. 그러나 그것들이 중요합니까? 그렇지 않습니다. 만약에 어떤 사람이 와서 그 모든 것을 빼앗아 간다 해도 그것은 그리 큰일이 아닙니다. 내 머리 속에 든 것을 사용하면 그 모든 것을 되찾아 올 수 있습니다.

솔로몬도 그런 뜻으로 다음과 같이 말했습니다. '금도 좋고 은도 좋고 보석도 좋다. 그러나 무엇보다도 지식과 지혜와 명철을 귀히 여겨라.' 왜냐하면 지식과 지혜와 명철로 여러분이 원하는 금과 은과 보석을 모두 얻을 수 있기 때문입니다. 그러나 더욱 중요한 것은 금과 은과 보석이 그리 중요

 벤 카슨

하지 않다는 사실을 깨닫는 것입니다. 여러
분이 다른 사람들에게 축복이 될 수 있을 만
큼, 하나님께서 주신 재능을 개발하는 것이
훨씬 더 중요합니다."

"B는 책(Book)을 뜻합니다. 책은 성공을 위해 한없이 귀중한
자료입니다. 우리는 주로 책을 통해서 역사를 움직인 위인들
과 교제합니다.

독서는 지성을 훈련시키고, 분별력을 키우며, 우리의 상상
력을 펴서, 창조적인 사람이 되게 합니다. 나의 이야기가 가
장 좋은 본보기들 중 하나일 것입니다."

"I는 심화 학습(In-depth learning)을 뜻합니다. 그것은 피상
적이고 천박한 학습과는 반대로, 지식과 명철을 위한 학습입
니다. 피상적인 학습자는 시험 전에 벼락치기 공부를 합니
다. 그런 사람들은 시험은 잘 볼 수 있을지 몰라도 3주 후에
는 아무것도 기억하지 못합니다."

"마지막으로 G는 하나님(God)을 뜻합니다. 우리는 사람들이
'공적으로 하나님에 대해서 말하지 말라!'고 말하는 사회에

서 살고 있습니다. 마치 그렇게 하는 것이 교회와 국가의 개념에 위배되는 것처럼 말입니다."

미국을 창설한 사람들 중의 한 사람인 토마스 제퍼슨 (Thomas Jefferson)은 그의 서재에 190권의 신앙 서적들을 가지고 있었습니다. 독립 선언서도 우리의 창조주께서 우리에게 주신 양도할 수 없는 권리에 대해 말하고 있습니다. 국기에 대한 맹세도 우리가 '하나님 아래서 하나의 나라' 라고 말합니다. 모든 법정에도 벽에 '우리는 하나님을 신뢰한다' 라고 쓰여 있습니다. 우리의 주머니 속에 들어 있는 모든 동전과 우리의 지갑 속에 들어 있는 모든 지폐에도 '우리는 하나님을 신뢰한다' 라고 쓰여 있습니다.

독립 선언서와 국기에 대한 맹세와 법정과 돈에 그렇게 쓰여져 있다면, 우리는 분명하게 공적으로 하나님에 대해서 말할 수 있습니다.

또 우리는 사람들에게 경건한 원리에 기초해서 살 권리가 있음을 분명하게 해야 합니다. 하나님께서 주신 재능을 개발하여 동료들을 사랑하고, 이웃을 돌보며, 봉사하는 삶을 살 권리가 있습니다. 그럴 때에 우리는 다른 사람들에게 귀한 사람이 될 수 있을 것입니다. 우리는 서로에게 일깨워 줄 필요가 있습니다. 어떤 가치관이나 원리를 가지고 있다고 하여

 벤 카슨

판단해서는 안 됩니다. 어떤 것을 옹호한다고 해서 잘못된 것은 아닙니다.

만약에 우리가 이 진리를 우리 자신의 삶에 적용시킨다면, 만약에 우리가 이러한 가치관을 다음 세대에 심어준다면, 우리 나라는 진실로 통합되고 세상에서 가장 위대한 나라가 될 것입니다."

✳　✳　✳

벤은 자신의 이야기를 말할 때마다, 특히 그가 참여한 많은 기적적인 수술들에 대해 말할 때마다 다음과 같은 사실을 분명하게 말했습니다.

"하나님께서 그 모든 사건에 개입하셨습니다. 그와 마찬가지로 하나님께서는 내 인생의 모든 좋은 일에도 개입하셨습니다. 디트로이트 거리의 가난한 소년이 의학적인 기적에 참여할 수 있게 해 주신 하나님과 그리고 용기 있는 나의 어머니에게 감사를 드립니다. 저는 훌륭한 아내와 건강한 3명의 아들과 사랑하는 교회 친구들을 가질 수 있는 축복을 받았습니다.

그러나 저는 하나님께서 계속 나를 사용하셔서 다른 사람들을 도우시기를 원합니다. 그래서 저는 제 자신이 가능한 최고의 아버지요, 남편이 되며, 교회와 지역 사회를 돌보는 자가될 수 있도록 기도합니다.

저는 비참한 환경에 빠져 있다고 생각하는 십대들에게 역할 모델이 되어야겠다는 의무를 느낍니다. 불리한 배경을 극복한 산 모델이 되기를 원합니다. 십대들이 크게 생각하고 하나님의 도우심을 구할 때, 꿈과 비전이 실현되어진다는 사실을 깨닫기를 원하기 때문입니다."

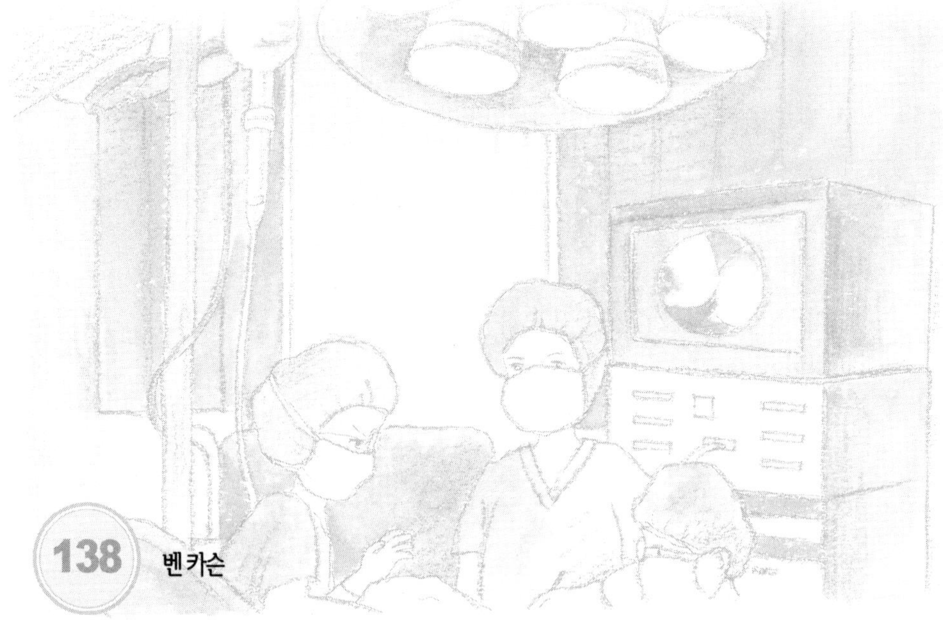

 벤 카슨

유명한 지도자들의 삶을 가까이 그리고 자세히 들여다봅시다.

'꿈과비전시리즈'는 역경을 극복하고 오늘의 영웅이 된 평범한 사람들의 이야기를 담고 있습니다.

어린이·청소년들은 이 용기 있는 사람들의 감동적인 이야기를 읽으며 꿈과 비전을 품게 될 것입니다.

크게 생각하라(씽크빅)의 저자

벤 카슨

흑인 빈민가 출신의 열등생이 세계적인 의사로 성공!

세계 최초로 샴 쌍둥이 분리 수술과
기적적인 수술들을 성공한 씽크빅 의사의 삶

메이저리그 최고의 투수

데이브 드라베키

의사가 나쁜 소식을 전했지만 메이저리그로 복귀!

암이라는 인생의 가장 힘든 도전을
믿음과 용기로 극복해낸 슈퍼스타의 삶

하나님의 밀수업자

브라더 앤드류

공산주의 나라들과 전쟁중인 나라들에 목숨 걸고 복음 전파!

수백만 권의 성경책을 공산주의 나라들과
전쟁중인 목숨 걸고 복음 전한 개척자의 삶

사랑은 보석입니다! 머뭇거릴 시간이 없습니다!

MONO
그림묵상시리즈

1. 사랑할 수 있을 때 힘껏 사랑하세요

어느새 의무가 되어 버린 사랑의 권리를 행사하기 위하여

사랑할 수 있을 때 힘껏 사랑하세요. : 정지홍 지음/값 6,000원

2. "사랑해요" 라고 말하세요

"사랑해요" 라고 말하세요. 이 짧은 말 한마디가 온 세상을 행복하게 한답니다.

바라볼수록 사랑하게 만듭니다. : 정지홍 지음/값 6,000원

3. 사랑이 살아가는 이유였습니다

사랑의 마음으로 가득차 있는 사람은 하나님의 세계에 살고 있는 셈이며

하나님은 그 사람 속에 계십니다. : 톨스토이 지음/값 6,000원

4. 거인과 꼬마

자기만 아는 거인과 꼬마의 아름다운 사랑을 통하여 우리는 많은 것을 배울 수 있습니다.

바로 사랑은 받는 것보다 주는 행복이 더 큰 것이라는

소중한 아름다움을 말입니다. : 오스카 와일드 지음/값 5,000원

저자 **그레그 루이스**(Gregg Lewis)는 40권 이상의 책을 저술, 혹은 공동 저술했으며 많은 상을 수상했다. 저서로는 벤 카슨 박사와 공동 저술한 「위대한 그림」과 캐롤린 마틴과 공동 저술한 「걷지 못하면 춤을 추어라」(비전북출판사) 등이 있다.

데보라 쇼 루이스(Deborah Shaw Lewis)는 10권이 넘는 책을 출간한 저자와 교사로서 일해 왔다. 전문적인 이야기 작가이기도 하며, 모성 권리와 가족 문제에 관심이 많고, 유아기 아동 발달 부문에서 석사 학위를 받았다. 그녀와 그레그는 다섯 아이들의 부모다.

역자 **홍원팔**은 기독교 출판계에서 20년이 넘게 번역을 해 온 전문 번역자로서 보문출판사, 임마누엘출판사, 알돌기획, 서로사랑출판사에서 번역 일과 편집장을 역임했다.

비전북 출판사는 오직 믿음으로만 살았던 개혁 신앙을 계승 발전시키고
다시 오실 주님의 길을 예비하는 마음으로 21세기에도 역동적인 신앙을 세우는데
꿈과 비전을 품고 예배와 삶의 일치를 이루는 출판 공동체입니다.

벤 카슨

저자 : 루이스 부부 / 역자 : 홍 원 팔
발행처 : **비전북출판사**
전화 : (031)955-4421 / 팩스 : (031)955-4432
공급처 : **미스바출판유통**
전화 : (031)955-4433 / 팩스 : (080)300-9191

값 4,000원